Hoffnung leuchtet wie ein Stern

Weihnachtliche Worte und Weisen

Hoffnung leuchtet wie ein Stern

Weihnachtliche Worte und Weisen

HERDER

FREIBURG · BASEL · WIEN

Weihnachtssonderband 2012
Herausgegeben von Ulrich Sander

Mit Beiträgen unter anderem von:

Petra Altmann
Benedikt XVI.
Dietrich Bonhoeffer
Phil Bosmans
Joan Chittister
Peter Dyckhoff
Anselm Grün
Schwester Gisela Ibele
Franz Kamphaus
Margot Käßmann
Marcus C. Leitschuh
Anthony de Mello
Corinna Mühlstedt
Antje Sabine Naegeli
Henri Nouwen
Huub Oosterhuis
Otto Hermann Pesch
Rudolf Pesch
Richard Rohr
Anton Rotzetter
Andrea Schwarz
Georg Schwikart
Christa Spilling-Nöker
Pierre Stutz
Bruder Paulus Terwitte
Notker Wolf

Vorwort

Weihnachten heißt: einen neuen Anfang feiern. Davon sprechen die Texte und Lieder, die Symbole und Bilder dieses Festes. Das Bild von der Nacht, in der ein neuer, nie zuvor gesehener Stern erscheint und den Weg durch die Fremde weist. Das Bild von dem neugeborenen Kind in der Krippe, das unterwegs in einem Stall zur Welt kommt und alle um sich versammelt: die Hirten vom Feld, die Könige mit ihren Gaben, die Engel mit ihrem Lied vom Frieden.

Einen neuen Anfang feiern: Der Ursprung der christlichen Feste ist eigentlich Ostern, die Frühlingsnacht, in der das Leben den Tod besiegt hat. Aber von daher fragten die Menschen zurück nach dem Anfang, nach der Geburt dieses Menschen, in dem sich Himmel und Erde verbunden haben. Und sie legten auch dieses Fest in eine Nacht, in die Zeit der Wintersonnenwende, wenn die dunkle Jahreszeit zu Ende geht und die Sonne „neu geboren" wird. Und weil ein richtiges Fest mindestens eine Woche dauert, schließt es ab mit dem Neujahrstag und wirft einen Blick der Hoffnung auf das neue Kalenderjahr.

Weihnachten führt uns an unseren Ursprung zurück. Der sehnsuchtsvolle Blick in die Kindheit ist nicht einfach nur sentimentale Nostalgie, sondern erinnert uns an unser inneres Kind. *Anselm Grün* schreibt von dem Mut, „mit unserer Sehnsucht in Berührung zu kommen, mit dieser inneren Kraft, die unser Herz weit macht". In unserem inneren Kind lebt unser heiles Bild, verschüttet oft, verwundet vielleicht, aber in ihm wurzelt die Kraft, mit der wir die dunklen Zeiten des Lebens bestehen und die Hoffnung schöpfen, immer wieder neue Anfänge zu wagen. *Pierre Stutz* schreibt: „Erst im Nachhinein erkenne ich die heilende Kraft der Nacht, in deren Stunden das Göttliche in mir neu geboren wird."

Das Kind in der Krippe, geboren im Stall, hat seinen Ursprung im Himmel. Von dort bringt es das Licht und den Stern in unsere Nächte. Auch unser Ursprung reicht tiefer als unsere Erinnerung und als die bewussten oder unbewussten Wunden unserer Kindheit. Das Kind in der Krippe führt uns zu dem Ursprung, aus dem alles Leben stammt und alle Kraft für einen Neuanfang. „Wie offen bin ich? Wie offen mein Herz? Und was kann ein verschlossenes Herz öffnen?", fragt *Margot Käßmann*.

Die bekannten Autorinnen und Autoren dieses Bandes gehen dem Geheimnis von Weihnachten nach: Mit ihren Geschichten und Betrachtungen, Gedichten und Liedern legen Sie eine Spur der Hoffnung, die von der adventlichen Zeit der Erwartung zum schönsten Fest des Jahres führt: zur Heiligen Nacht, zum Kind in der Krippe und zum Weihnachtsstern mit seinem Licht, das ins neue Jahr vorausscheint.

Liebe Leserin, lieber Leser, *Anthony de Mello* spricht von dem „Lied der Engel", das erklungen ist nicht nur zur Christgeburt im Stall, sondern „das sie sangen, als sie meine Geburt verkündigten". Ich finde darin ein sehr schönes Bild: Mit jedem von uns ist ein Lied, eine Melodie aufgeklungen, die am Ursprung unseres Lebens steht. Ich wünsche Ihnen, dass am kommenden Weihnachtsfest der Klang Ihres Lebensliedes für Sie wieder hörbar wird und Ihnen von neuem die Kraft und die Hoffnung schenkt, die über unser aller Leben geschrieben ist.

Ihr Ulrich Sander

Inhalt

Vorwort 5

    Sternstunden   13
       Pierre Stutz

1 Zeit der Erwartung

    Maria durch ein Dornwald ging   16

    Erwartung   18
       Pierre Stutz

    Ausschau halten   19
       Andrea Schwarz

    Zeit der Sehnsucht   20
       Anselm Grün

    Hoffnung schöpfen   24
       Antje Sabine Naegeli

    Wege des Hoffens und Wartens   26
       Joseph Ratzinger/Benedikt XVI.

    Macht hoch die Tür   28
       Georg Weißel

    Die Botschaft des Adventskalenders   29
       Andrea Schwarz

    Eine offene Tür   31
       Margot Käßmann

Eine ganz besondere Zeit   32
Christa Spilling-Nöker

Folge dem Stern   37
Corinna Mühlstedt

2   Das schönste Fest im Jahr

O du fröhliche   40

Staunen   42
Pierre Stutz

Eine Zeit für die Sinne   43
Andrea Schwarz

Weihnachten feiern   44
Christa Spilling-Nöker

Trau dich, Weihnachten zu feiern   45
Bruder Paulus Terwitte/Markus C. Leitschuh

Die Botschaft der Weihnachtsbräuche   48
Joseph Ratzinger/Benedikt XVI.

Die Botschaft der Weihnachtsplätzchen   50
Andrea Schwarz

Die Legende von den ersten Honigküchlein   52
Christa Spilling-Nöker

Die Legende von den Aachener Printen   53
Christa Spilling-Nöker

Zwei Krippenlieder   54
Aus Oberschlesien und aus Russland

Krippe und Weihnachtsbaum   55
Anselm Grün

Der Lichterbaum   59
   Hermann Kletke

Ein Fest ohne Grenzen   60
   Georg Schwikart

3 Zur heiligen Nacht

Es ist ein Ros' entsprungen   64

Heilende Nacht   66
   Pierre Stutz

Gottes Zukunft   67
   Margot Käßmann

Die Weihnachtsbotschaft   68
   Lukasevangelium

Und Friede auf Erden   69
   Rudolf Pesch

Das große Licht   71
   Simon Dach

Stunden der Nacht   72
   Pierre Stutz

In diese dunkle Welt   73
   Andrea Schwarz

Das Licht der Welt   74
   Franz Kamphaus

Der Messias ist da!   76
   Anthony de Mello

Heilige Nacht   78
   Phil Bosmans

Heilige Nacht der Schöpfung **80**
Anton Rotzetter

Heilsame Enttäuschung **82**
Otto Hermann Pesch

Ein Kinderlied auf die Weihnacht Christi **83**
Martin Luther

4 An der Krippe beim Kind

Gelobet seist du, Jesu Christ **86**

Mit jedem Kind **88**
Pierre Stutz

In der Hand eines Kindes **89**
Dietrich Bonhoeffer

Lass mich dein Kripplein sein **90**
Paul Gerhardt

Ein schwaches Kind **91**
Henri Nouwen

Hoffnung für die Welt **92**
Margot Käßmann

Gottesgeburt **94**
Franz Kamphaus

In uns das Licht **96**
Antje Sabine Naegeli

Mein inneres Kind **97**
Pierre Stutz

Jeder Mensch ein Kind **98**
Phil Bosmans

Das Reich der Kinder **100**
Anthony de Mello

Das Licht von Betlehem **103**
Phil Bosmans

Das Lied der Engel **104**
Anthony de Mello

Das innere Kind im Alter **106**
Peter Dyckhoff

5 Ein Hoffnungsstern fürs neue Jahr

Morgenstern der finstern Nacht **110**

Hoffnungslicht **112**
Pierre Stutz

Der Sehnsucht folgen wie dem Stern **113**
Antje Sabine Naegeli

Stern der Hoffnung **114**
Anselm Grün

Du bist der Stern **116**
Nach einem irischen Segensgebet

Der Stern einer neuen Zeit **117**
Ludwig Schick

Im Sternenlicht **121**
Phil Bosmans

Mitten im Leben **122**
Margot Käßmann

Du findest, was du suchst **124**
Richard Rohr

Was zählt **125**
Joan Chittister

Sterne an meinem Himmel **126**
Petra Altmann

Licht für den nächsten Schritt **127**
Christa Spilling-Nöker

Frühling im Winter **128**
Andrea Schwarz

Unterwegs ins neue Jahr **129**
Schwester Gisela

Lied an das Licht **130**
Huub Oosterhuis

Quellenverzeichnis **131**

Textnachweise **134**

Verzeichnis der Autorinnen und Autoren **137**

Sternstunden

Sternstunden werden uns geschenkt,
wenn wir den inneren Stern
in uns neu entdecken
und leuchten lassen.

Pierre Stutz

1

Zeit der Erwartung

Maria durch ein Dornwald ging

Ma - ri - a durch ein' Dorn - wald ging,
Ky - ri - e - lei - son, Ma - ri - a durch ein'
Dorn - wald ging, der hat in sieben Jahrn kein
Laub ge - tragen. Je - sus und Ma - ri - a.

Maria durch ein Dornwald ging, Kyrie eleison,
Maria durch ein Dornwald ging,
der hat in sieben Jahrn kein Laub getragen,
Jesus und Maria.

Was trug Maria unter ihrem Herzen? Kyrie eleison.
Ein kleines Kindlein ohne Schmerzen,
das trug Maria unter ihrem Herzen.
Jesus und Maria.

Da haben die Dornen Rosen getragen, Kyrie eleison,
als das Kindlein durch den Wald getragen,
da haben die Dornen Rosen getragen.
Jesus und Maria.

Weise aus dem Eichsfeld
Worte überliefert

Erwartung

Adventszeit ist Erwartungszeit,
nicht Vertröstungszeit.
Sie will zum Aufbruch bewegen,
zu mehr Menschlichkeit.
Gottes Ankunft ereignet sich
in jedem Menschen,
der mehr er selbst wird,
der seine Aufgabe auf dieser Welt
deutlicher entdeckt und lebt.

Pierre Stutz

Ausschau halten

Andrea Schwarz

Abenteuer Advent – das ist warten und lauschen, ob sich irgendwas tut. Das ist suchen und sich auf den Weg machen. Das ist mitten im Dunkel den Stern sehen und ihm trauen. Das ist träumen und wünschen, hoffen und ersehnen. Das ist sich nicht zufriedengeben mit dem, was vordergründig ist – das ist sich ausstrecken nach dem, was noch nicht ist, aber was sein könnte. Das ist sehnsüchtig sein nach mehr Leben und Lebendigkeit, das ist Ausschau halten nach Gott in meinem Leben. Das ist staunen können. Das ist wach sein, hellwach – und hinschauen, hinschauen auf mein Leben, auf diese Welt.

> *Damit fängt das Abenteuer an:*
> *das Unsagbare hören*
> *dem Unglaublichen trauen,*
> *sich auf den Weg machen.*

Zeit der Sehnsucht

Anselm Grün

Advent ist eine Zeit des Wartens und des Erwartens. Wer wartet, ist gespannt, er hofft, er ist auf ein Ziel hin ausgerichtet. Ziel des Wartens im Advent ist das Fest unserer Menschwerdung, der Selbstwerdung, unseres Einswerdens mit Gott. Aber nicht nur wir warten, Gott wartet auch auf uns. Er erwartet und wartet, bis wir uns für das Leben und für die Liebe öffnen.

„Warten" meint eigentlich: auf der „Warte" wohnen. „Warte" ist der Ort der Ausschau, der Wachtturm. Warten heißt also: Ausschau halten, ob jemand kommt. Umherschauen, was alles auf uns zukommt. Warten kann aber auch heißen: auf etwas achthaben, etwas pflegen, so wie der „Wärter" auf einen Menschen aufpasst und auf ihn achtgibt.

Warten bewirkt beides in uns: die Weite des Blickes und die Achtsamkeit auf den Augenblick, auf das, was wir gerade erleben, auf die Menschen, mit denen wir gerade sprechen. Warten berührt unser Herz. Es macht das Herz weit. Wir sind uns selbst nicht genug. Wir strecken uns aus nach dem, der unser Herz höher schlagen lässt. Das Erwarten ist wie eine Verheißung für unser Leben.

Wir erwarten einen Besuch. Wir erwarten, dass alles besser wird. Wir erwarten, dass unsere Wünsche und Sehnsüchte erfüllt werden. Doch wir müssen warten können, bis in uns etwas heranreift, bis Vertrauen wächst, bis das, wonach wir uns sehnen, in uns Wirklichkeit wird, und bis die Zeit reif ist, eine Entscheidung zu fällen. In der Adventszeit könnten wir dies wieder neu lernen: Warten und Erwarten. In der vorweihnachtlichen Zeit werden wir mit Angeboten der Werbung überflutet, deren Botschaft ist: Warte nicht, kaufe jetzt. Durch Konsum sollen unsere Wünsche erfüllt werden. Gerade die Adventszeit ist die Gelegenheit, das Warten wieder zu lernen und unsere Süchte in Sehnsucht zu verwandeln.

Advent ist die Zeit der Sehnsucht. Die Lieder, der Adventskranz mit seinen vier Kerzen und der adventliche Schmuck und Duft bringen uns in Berührung mit einer tiefen Sehnsucht nach Geborgenheit und Heimat, nach einer anderen Welt, die einbricht in unsere kalte und hektische Welt. Diese Sehnsucht ist mehr als Nostalgie. Mag bei manchen auch die Erinnerung an früher hochkommen, aber die Sehnsucht ist ein Gefühl, das wir jetzt haben. Die Erinnerung an die Erfahrungen von Heimat, die wir früher in der Adventszeit erlebt haben, stellt uns vor die Frage, was uns jetzt trägt. Was war das, was uns damals berührt hat? War das nur Einbildung? War das nur romantische Schwärmerei? Wir ahnen tief in unserem Herzen, dass da etwas Zentrales in uns angerührt wird, die Sehnsucht nach Erfüllung, die Sehnsucht nach einer Welt voller Liebe und Zärtlichkeit.

Es ist die Welt, die durch die Erwartung eines göttlichen Kindes geprägt ist, durch die Hoffnung, dass alles neu werden wird, wenn Gott selbst eintritt in unsere Welt, durch das Vertrauen, dass Gott in uns herrscht und alle inneren und äußeren Herren, die uns das Leben schwer machen, entmachtet.

Jahrelang hat man die Sehnsucht als romantisch abgelehnt. In den letzten Jahren ist das Thema wieder neu aufgebrochen. Ein Grund war sicher auch das Zunehmen der vielen Süchte, die wir beobachten können. Süchte sind immer verdrängte Sehnsucht. Wir suchen etwas, was wir hier nicht finden können. Aber wir meinen, wir könnten es uns selbst verschaffen durch Trinken oder Spielen oder Arbeiten.

Doch die Sehnsucht geht immer über diese Welt hinaus. Sie richtet sich zwar zunächst auf Menschen. Ich sehne mich danach, von diesem Menschen geliebt zu werden, vor vielen mit meinem Erfolg zu glänzen, von den andern anerkannt zu werden, wenn ich etwas leiste, wenn ich schön aussehe, wenn ich charmant bin. Doch letztlich kann uns kein Erfolg, kein noch so großer Besitz und auch keine noch so tiefe menschliche Liebe unsere Sehnsucht stillen. Sie geht letztlich auf etwas Transzendentes, das diese Welt übersteigt, nach etwas Absolutem, das die vielen Relativitäten unseres Lebens umgreift.

Die Sucht kann nur geheilt werden, wenn sie wieder in Sehnsucht verwandelt wird. Viele lehnen ihre Sucht ab. Und sie werten sich selbst ab, weil sie süchtig sind. Doch was ich in mir abwerte, das bleibt an mir hängen. Die abgelehnte Sucht erzeugt neue Sucht, um die Enttäuschung zu verbergen.

Die Sehnsucht in der Sucht zu entdecken ist viel behutsamer. Ich lehne meine Sucht nicht ab. Ich schaue sie mir an. Ich frage sie, welche Sehnsucht darin steckt. Was bezwecke ich mit meiner Sucht? Was möchte ich nicht anschauen in mir? Welche Enttäuschung möchte ich nicht akzeptieren und aushalten?

Vielleicht zeigt mir das Trinken, dass ich mich nach einer guten Stimmung sehne, nach Freiheit von meinen Hemmungen, nach dem Gefühl, alles vergessen zu können, nichts leisten zu müssen, sondern einfach nur da zu sein. Und dann kann ich mich fragen, wie ich anders auf diese Sehnsucht antworten kann. Vielleicht gelingt es mir, wenn ich Musik höre, oder wenn ich einfach nur innehalte und in die Stille, in das Rauschen des Windes oder in den fallenden Regen hineinhorche.

Die Sehnsucht ist die Spur, die Gott in unser Herz gegraben hat. Viele Menschen beklagen sich, dass Gott ihnen so ferne sei, sie spürten ihn nicht. In der Adventszeit kommen sie mit ihren früheren Erfahrungen von Geborgenheit und Heimat, von Gottes heilender Nähe und liebender Zuwendung, in Berührung. Aber das tut nur weh, weil sie als Kontrast ihre innere Leere spüren. Ich rate solchen Menschen immer: „Legen Sie Ihre Hand auf das Herz und spüren hinein, was da an Sehnsucht aufsteigt! Und dann stellen Sie sich vor, dass Ihre Sehnsucht die Spur ist, die Gott in Ihr Herz gelegt hat, um Sie an sich selbst zu erinnern, um Ihnen seine Nähe zu zeigen. Wenn Sie sich selbst und Ihre Sehnsucht spüren, dann spüren Sie auch Gott. Wer sich selbst nicht spürt, kann Gott nicht spüren."

Antoine de Saint-Exupéry sagte einmal: „In der Sehnsucht nach Liebe ist schon Liebe." So können wir folgern: In der Sehnsucht nach Gott ist schon Gott. In der Sehnsucht nach Geborgenheit ist schon Geborgenheit. Statt zu klagen, dass ich zu wenig Liebe erfahre, zu wenig Geborgenheit, zu wenig spirituelles Angerührtsein, nehme ich in mir die Sehnsucht danach wahr. Und in der Sehnsucht ist schon all das, wonach ich mich sehne [...]

Viele laufen vor ihrer Sehnsucht davon, weil sie meinen, ihre Sehnsucht erzeuge in ihnen nur Schmerz. Sie schauen nur nach dem, was sich nicht erfüllt. Doch die Sehnsucht hat eine eigene Qualität. Sie macht uns lebendig und weit. Ohne Sehnsucht verliert die menschliche Seele ihre Spannkraft. Sie wird wie abgestandenes Bier, das nach nichts mehr schmeckt. Wenn wir in der Sehnsucht uns selbst spüren mit dem in uns, was diese Welt übersteigt, dann verleiht uns das einen angenehmen Geschmack, den Geschmack von Geheimnis, letztlich den Gottesgeschmack, von dem man im Mittelalter meinte, es sei ein süßer Geschmack. Man sprach da von der *dulcedo Dei,* von der Süßigkeit Gottes. In der Adventszeit und Weihnachtszeit essen wir nicht umsonst süße Plätzchen, um etwas von der Süßigkeit Gottes zu erahnen.

Advent feiern heißt, den Mut haben, mit unserer Sehnsucht in Berührung zu kommen, mit dieser inneren Kraft, die unser Herz weit macht.

Hoffnung schöpfen

Antje Sabine Naegeli

Es ist die dunkelste Zeit im Jahr, die wir in den Dezembertagen durchwandern. Das gilt für manche von uns nicht nur in einem äußeren Sinn. Viele erfahren sich in der Vorweihnachtszeit dünnhäutiger als sonst. Druck und Hektik nehmen zu, Einsamkeit wird schmerzlicher empfunden als das Jahr hindurch. Heimweh stellt sich ein nach einer Zeit, als es leichter war, sich auf die Festtage zu freuen. Die innere Anspannung wächst und damit die Anfälligkeit für zwischenmenschliche Konflikte. Wir können uns nicht unbeschwert, wie wir es als Kinder gekonnt haben mögen, auf Weihnachten freuen.

Wir spüren unsere Bedürftigkeit, unser Angewiesensein auf Licht, Ermutigung und Hoffnung. Tief in uns allen lebt die Sehnsucht nach Geborgenheit. Vielleicht ist uns heute gar nicht adventlich zumute, weil der Alltag sich über alles ausbreitet, weil Sorgen an uns nagen, wir müde und leer gebrannt sind.

Wir können trotzdem oder gerade deshalb eine Kerze anzünden und uns ihrem behutsamen Licht aussetzen. Kerzen haben ihre ganz eigene Sprache. Sie sind ein Symbol der Hoffnung, dass das Dunkel nicht das letzte Wort haben wird. Wenn wir eine Kerze anzünden, befinden wir uns in der großen Gemeinschaft derer, die dies auch tun überall auf der Welt.

Unzählige Kerzen brennen Tag und Nacht in Kirchen, in Häusern, auf Gräbern und laden ein, uns innerlich zu verbinden mit allen, die Hoffnung wagen trotz aller Finsternisse, die auf dieser Welt und oft genug auch auf unserem persönlichen Leben lasten. Wir sind nicht allein auf dem Weg.

Advent hat zu tun mit Erwartung. Worauf warten wir? Auf Freude, auf Entlastung, auf Veränderung, auf Begegnungen, die uns ermutigen und beleben, auf Frieden, auf Trost? Oder sind wir resigniert und wagen die Hoffnung nicht mehr, weil wir so oft schon Enttäuschte waren? Menschen können nicht leben ohne Hoffnung.

Advent heißt aufbrechen zur Hoffnung, zu einer Hoffnung, die unser ganzes Sein umfasst und alles nur Vorläufige übersteigt. Hoffnung ist eine Kraft, die wächst, während wir sie mit anderen Menschen teilen.

Wege des Hoffens und Wartens

Joseph Ratzinger/Benedikt XVI.

Der Mensch ist in seinem Leben ein Wartender. Als Kind will er erwachsen werden, als Erwachsener will er vorwärtskommen und erfolgreich sein; schließlich sehnt er sich nach Ruhe, und endlich kommt die Zeit, wo er entdeckt, dass er zu wenig gehofft hat, wenn ihm über Beruf und Stellung hinaus nichts zu hoffen bleibt.

Die Menschheit hat nie aufgehört, auf bessere Zeiten zu hoffen; die Christenheit hofft darauf, dass durch die ganze Geschichte der Herr hindurchgeht und dass er einmal all unsere Tränen und Mühsale aufsammeln wird, so dass alles seine Erklärung und seine Erfüllung findet in *Seinem* Reich.

Dass der Mensch ein Wartender ist, wird nie so deutlich wie in Zeiten der Krankheit. Jeden Tag warten wir auf Zeichen der Besserung und schließlich auf die volle Genesung. Aber zugleich entdecken wir dabei, dass es sehr verschiedene Weisen des Wartens gibt.

Wenn die Zeit nicht selbst mit einer sinnvollen Gegenwart angefüllt ist, wird das Warten unerträglich. Wenn wir nur auf etwas ausschauen müssen und jetzt gar nichts da ist, wenn die Gegenwart völlig leer bleibt, dann ist jede Sekunde zu lang. Und ebenso ist Warten eine allzu schwere Last, wenn ganz ungewiss bleibt, ob wir überhaupt etwas erwarten dürfen.

Wenn aber die Zeit selber sinnvoll ist, wenn in jedem Augenblick etwas Eigenes und Wertvolles beschlossen liegt, dann macht die Vorfreude auf noch Größeres, das kommt, auch das schon Gegenwärtige noch kostbarer und trägt uns wie mit unsichtbarer Kraft über die Augenblicke hinweg. Gerade zu dieser Art von Warten aber will uns der christliche Advent verhelfen; es ist die eigentlich christliche Form des Wartens und Hoffens.

Denn die Geschenke Jesu Christi sind nicht pure Zukunft, sondern sie reichen in die Gegenwart herein. Er ist jetzt schon im Verborgenen da: Er spricht mich auf vielerlei Weisen an – durch die Heilige Schrift, durch das Kirchenjahr, durch die Heiligen, durch manche Geschehnisse des Alltags, durch die ganze Schöpfung, die anders aussieht, wenn *Er* dahinter steht, als wenn sie von dem Nebel einer ungewissen Herkunft und einer ungewissen Zukunft verhangen ist. Ich kann ihn ansprechen, ich kann vor ihm klagen, und ich kann ihm meine Leiden, meine Ungeduld, meine Fragen hinhalten in dem Bewusstsein, dass sein Hören immer gegenwärtig ist.

Wenn es ihn gibt, dann gibt es keine sinnlose und sinnleere Zeit. Dann ist jeder Augenblick in sich wertvoll, auch wenn ich zu gar nichts anderem imstande bin, als eben stumm meine Krankheit auszuhalten. Wenn es ihn gibt, dann bleibt immer noch etwas zu hoffen, wo andere mir keine Hoffnung mehr machen können. Dann sind Alter und Ruhestand nicht die letzte Stufe des Lebens, von der aus man nur noch rückwärts schauen kann. Dann kommt immer noch Größeres, und gerade die Zeit der Nutzlosigkeit nach außen kann dann die höchste Form des Reifens werden.

Christliche Hoffnung entwertet also nicht die Zeit, sondern sie bedeutet gerade, dass jeder Augenblick des Lebens seinen Wert hat; sie bedeutet, dass wir die Gegenwart annehmen können und ausfüllen sollen, weil alles bleibt, was wir von innen her angenommen haben.

Macht hoch die Tür

Georg Weißel

Macht hoch die Tür, die Tor macht weit,
es kommt der Herr der Herrlichkeit,
ein König aller Königreich,
ein Heiland aller Welt zugleich,
der Heil und Leben mit sich bringt;
derhalben jauchzt, mit Freuden singt:
Gelobet sei mein Gott,
mein Schöpfer reich an Rat.

O wohl dem Land, o wohl der Stadt,
so diesen König bei sich hat.
Wohl allen Herzen insgemein,
da dieser König ziehet ein.
Er ist die rechte Freudensonn,
bringt mit sich lauter Freud und Wonn.
Gelobet sei mein Gott,
mein Tröster früh und spat.

Die Botschaft des Adventskalenders

Andrea Schwarz

Vor einigen Jahren habe ich für mich neu den Adventskalender als Begleiter durch diese Tage entdeckt. Lange Zeit fühlte ich mich „zu erwachsen" für so etwas, hätte es weit von mir gewiesen, mir einen Adventskalender in die Wohnung zu hängen. Und leicht schmunzelnd hätte ich mich höchstens an eine Begebenheit aus meinen Kindertagen erinnert: Mein Bruder und ich hatten beide einen Adventskalender geschenkt bekommen, der mit Schokoladenfigürchen gefüllt war. An einem Vormittag, als er in der Schule war, nutzte ich die Gelegenheit und futterte seinen Adventskalender leer. Meinen dagegen ließ ich ungeschoren – die Idee, für jeden Tag etwas zu haben, leuchtete mir wohl auch damals schon ein. An die Reaktionen meiner Eltern und meines Bruders erinnere ich mich nicht mehr so genau – das wird wohl auch seinen Grund haben –, aber ich glaube, wir mussten dann die Kalender untereinander tauschen. Das ist lange her, und ich staune eigentlich, dass sich diese Szene so in mir festgesetzt hat.

Heute sind mir Adventskalender Wegbegleiter durch eine Zeit der dunklen Wochen. Ich freue mich daran, wie im Laufe der Tage, durch jedes Öffnen eines Türchens, ein vordergründiges Bild durch kleine Bildchen, die im wahrsten Sinne des Wortes „dahinter" liegen, bereichert wird. Es ist eine Art Entdeckungsfahrt: Was mag noch alles dahinter verborgen sein? Aus einem großen Bild wird ein Rahmen, in dem viele kleine Bilder aufscheinen. Und genau das scheint mir eine wichtige Botschaft zu sein, die der Adventskalender mir sagen will: Es gibt ein vordergründiges Bild, das in sich geschlossen und schön erscheinen mag. Wenn ich mich aber auf die Suche begebe, auf die Suche nach dem Leben, die

Suche bei einem Menschen, die Suche in mir, mir die Mühe mache, Türen und Türchen behutsam zu öffnen, dann bekommt dieses große, scheinbar in sich geschlossene Bild plötzlich neue Facetten, andere Blinkwinkel ergeben sich, das Ganze wird bunter.

Manchmal frage ich mich am Morgen, wenn ich an meinem Adventskalender das entsprechende Türchen aufgemacht habe: Welche Tür des Lebens, welche Tür bei einem Menschen, welche Tür bei mir werde ich heute öffnen? Der Adventskalender lehrt mich, dass ich manchmal diese Türen wirklich erst suchen muss. Da ist das vordergründige Bild so mächtig, dass ich die kleine Tür mit der entsprechenden Zahl gar nicht finde.

Und: Die Türen haben ihre ganz eigene Reihenfolge. Es ist reizvoll für mich, dass ich über 23 Tage hinweg die Tür mit der „24" sehe – und doch nicht öffnen „darf". Es gilt, einen Schritt nach dem anderen zu tun, nicht den vierten Schritt vor dem zweiten. Das bedarf der Geduld, das Aushalten der Spannung, der Disziplin, der Genügsamkeit, mich mit dem zufriedenzugeben, was dieser Tag für mich bereithält.

„Macht hoch die Tür, die Tor macht weit", so heißt es in einem schönen alten Adventslied. Ich will diese Tage dazu nutzen, Türen in mir aufzumachen, als Einladung für Gott und die Menschen.

Eine offene Tür

Margot Käßmann

Das erste Türchen öffnen – das macht Kindern und Erwachsenen Freude. Den ersten Adventskalender mit aufgedruckten christlichen Motiven brachte 1908 ein Münchner Verleger auf den Markt. Er kommerzialisierte damit ein Familienritual: Seine Mutter hatte in seinen Kindertagen einen Karton mit 24 angenähten Keksen gebastelt, um die lange Wartezeit zu versüßen. Heute sind es oft nicht mehr christliche Motive, die sich hinter den Türen verstecken, sondern Süßwaren, Parfümerieartikel, Spielzeugfiguren oder eben Texte zum Besinnen. Geblieben aber ist der Sinn des Kalenders: Jeder Tag ein Tag der Vorbereitung und des Wartens. Jeder Tag eine Tür, die sich öffnet hin zum großen Fest der Geburt des Gotteskindes.

Porta patet cor magis, so lautet der Leitspruch der Zisterzienser: Die Tür steht offen, noch mehr das Herz. Oder auch: Weit offen die Tür, noch weiter das Herz. Das finde ich einen sehr anrührenden Satz. Weil er einlädt, Menschen willkommen heißt. Wo finden wir denn heute offene Türen und noch weiter geöffnete Herzen? Viel zu viele Türen sind fest geschlossen, verriegelt geradezu!

Ein offenes Herz – das ist eine schöne Übung für den Advent, finde ich. Mich anrühren lassen von anderen. Zuhören. Zeit schenken und Liebe. Wie offen bin ich? Wie offen mein Herz? Und was kann ein verschlossenes Herz öffnen?

Eine ganz besondere Zeit

Christa Spilling-Nöker

„Alle Jahre wieder" beginnen wir uns in den Adventswochen auf das Weihnachtsfest vorzubereiten. Wir schmücken die Wohnung mit Tannen und Kerzen, mit Engeln und Sternen. In der Küche wird gebacken, so dass die ganze Wohnung vom Duft würziger Plätzchen erfüllt wird. In den mit Lichterketten geschmückten Straßen der Stadt suchen wir nach Weihnachtsgeschenken. Daheim hören wir Weihnachtslieder oder singen und musizieren abends vielleicht im Familienkreis selbst miteinander. Die Adventszeit ist immer wieder eine besondere Zeit.

Tief in unserem Herzen sind wir voller Erwartung, dass etwas Überraschendes, Wundervolles auf uns zukommt, das unser Leben erfrischt. Das Wort „Advent" bedeutet ja, von dem lateinischen Wort *advenire* (ankommen) abgeleitet: *Ankunft*. Dem christlichen Glauben nach wird das Fest der Geburt Jesu Christi erwartet, wo die Liebe Gestalt gewinnt und neue Hoffnung in der Welt zu atmen beginnt, die die Herzen zu Freude, Versöhnung und Frieden hin verwandelt.

Der Adventskranz

Der Brauch, in der Adventszeit einen Adventskranz zu schmücken, geht auf den evangelischen Hamburger Pastor *Johann Hinrich Wichern* (1808–1881) zurück. Wichern hatte ein Bauernhaus gekauft, in dem er zusammen mit armen und von Verwahrlosung bedrohten Kindern wohnte und sie dort betreute: das sogenannte „Rauhe Haus". Immer wieder fragten die Jugendlichen in der Adventszeit, wie lange es denn noch bis Weihnachten dauern würde. Da kam

Wichern auf die Idee, auf einem alten Wagenrad so viele Kerzen zu befestigen, wie es Tage vom ersten Advent bis zum Heiligen Abend sein würden. Die Wochentage bekamen eine weiße Kerze, die Sonntage jeweils eine rote.

In dieser Größe konnte der Adventskranz natürlich nicht in die bürgerlichen Haushalte übernommen werden, zumal es auch schwierig war, entsprechende Holzgestelle zu bekommen. Erst als man auf die Idee kam, nur noch vier rote Kerzen für die Adventssonntage auf einen Kranz zu stecken, konnte sich der Adventskranz allgemein durchsetzen. Der Kranz, der ja weder Anfang noch Ende hat, symbolisiert Einheit, Vollkommenheit, Unendlichkeit und Ewigkeit und ist damit auch ein Sinnbild für das Göttliche.

Die Kerzen weisen auf das biblische Wort von Jesus Christus als dem Licht, das in der Finsternis leuchtet, hin. Von Sonntag zu Sonntag wird es mit dem Entzünden neuer Kerzen heller, bis am Weihnachtsfest, dem Tag, an dem die Geburt Jesu gefeiert wird, der Christbaum in vollem Lichterglanz erstrahlt.

Der Barbaratag (4. Dezember)

Am Ende des 3. Jahrhunderts lebte in Kleinasien ein reicher Kaufmann namens Dioscuros mit seiner Tochter, die er von ganzem Herzen liebte. Da sie so schön und klug war, gab es viele Männer, die sie heiraten wollten. Barbara aber wies alle Verehrer zurück. Sie hatte eine Gruppe junger Christen kennengelernt, die sie vom Glauben an Jesus überzeugten. Sie spürte: Hier fand sie, wonach sie immer gesucht hatte: ihr Leben in froher Zuversicht zu führen und für jeden Menschen da zu sein, der ihre Zuwendung und Hilfe brauchen würde. Das war ihr wichtiger, als eine Ehe einzugehen und eine Familie zu gründen.

Ihrem Vater gefiel das gar nicht. Als er auf eine größere Handelsreise gehen musste, sperrte er sie in einen Turm ein, um weitere Treffen mit den Christen zu verhindern. Aber auch das half nichts. Es gelang ihr sogar, sich heimlich taufen zu lassen. Ihr Vater war darüber derart empört, dass er sie verhaften ließ, weil er hoffte, dass sie ihren neuen Glauben dann aufgeben würde. Auf dem Weg zum Gefängnis blieb Barbara mit ihrem Kleid an einem Zweig hängen. Sie stellte den abgebrochenen Zweig in ein Gefäß mit Wasser – und er blühte genau an dem Tag auf, an dem sie zum Tode verurteilt wurde. Viele sahen das als Zeichen, dass das Leben letztlich über den Tod siegt.

Das ist der Grund, aus dem wir am Barbaratag Zweige in die Vasen stellen und hoffen, dass sie zu Weihnachten aufblühen.

Der Nikolaustag (6. Dezember)

Am Abend vor dem 6. Dezember stellen viele Kinder ihre Schuhe vor die Tür in der Hoffnung, dass der Nikolaus nachts heimlich einige gute Gaben hineinlegt. Was hat es mit diesem Brauch auf sich? In der ersten Hälfte des 4. Jahrhunderts soll in dem türkischen Städtchen Myra ein Bischof namens Nikolaus gelebt haben, der für seine vielen guten Taten bekannt war. Im Mittelalter kam an Klosterschulen der Brauch auf, einen Kinderbischof zu wählen, der bis zum 28. Dezember, dem Gedenktag der von Herodes ermordeten „Unschuldigen Kindlein", im Amt war. Er verkleidete sich am Nikolaustag als Bischof und durfte sowohl die Mönche als auch seine Mitschüler befragen und ihr Benehmen im vergangenen Jahr rügen oder sogar bestrafen, andererseits aber auch loben und mit Süßigkeiten belohnen. Aus diesem Brauchtum hat sich die bis heute gängige Sitte entwickelt, dass sich eine Person aus dem Umfeld der Familie am 6. Dezember mit einem Bischofsornat als Nikolaus verkleidet. Früher wurden den Kindern Fragen nach dem christlichen Glauben gestellt; als Belohnung winkten Süßigkeiten.

Oft wurde der Nikolaus von Schreckgestalten begleitet, die jene Kinder bestraften, die faul oder ungezogen gewesen waren. Martin Luther hat das katholische Brauchtum zum Gedenken des heiligen Nikolaus abgelehnt und stattdessen die Sitte eingeführt, dass der „Heilige Christ" die Kinder am Weihnachtstag beschenkt. Aus dem „Christuskind" der Krippe entwickelte sich aber im Lauf der Zeit ein „Christkind", das oft als engelsgleiche Mädchengestalt in weißen Kleidern vorgestellt wird. Der Brauch, die Kinder an Weihnachten zu bescheren, verbreitete sich von den evangelischen Landstrichen aus über ganz Europa, konnte aber den traditionellen Nikolaustag nicht ersetzen.

Mit Nikolaus ist auch ein Gebäck verbunden, das einem in der Adventszeit in den Bäckereien mit seinen Rosinenaugen entgegenblickt: die *Stutenkerle*, je nach Region auch *Kiepenkerle*, *Klaaskerle*, *Weckmänner*, *Klausenmanner* oder *Dampedeis* genannt. Sie werden aus süßem Hefeteig hergestellt, der in Norddeutschland auch als Stuten bezeichnet wird. Diese männlichen Figuren sollten ursprünglich, an germanische Traditionen erinnernd, das Jahr darstellen; der oft in die Mitte gelegte Teigstrang oder eine mitgebackene kleine Tonpfeife teilte sie in die aufsteigende und hinabführende Jahreshälfte.

Im Laufe der Christianisierung wurden und werden sie als Erinnerung an den heiligen Nikolaus am 6. Dezember in die Schuhe gesteckt und auch in den Tagen davor und danach als vorweihnachtliches Backwerk verkauft.

Der Luciatag (13. Dezember)

Lucia wurde im 3. Jahrhundert in der Stadt Syrakus auf Sizilien als Tochter einer vornehmen Familie geboren. Ihre Mutter wollte sie natürlich mit einem angesehenen jungen Mann verheiraten. Lucia aber hatte andere Pläne für ihr Leben. Sie ließ sich taufen und gelobte, dem weltlichen Leben zu entsagen und Nonne zu werden. Das war allerdings nicht ungefährlich, denn unter dem Statthalter Diokletian wurden Christen verfolgt und getötet. Lucia aber verspürte aus der Kraft ihres Glaubens heraus keine Angst. Heimlich brachte sie Nahrungsmittel in die Katakomben, in denen sich Christen aus Angst vor Verfolgung versteckt hielten.

Um sich in den unterirdischen Gängen zurechtzufinden und dennoch beide Hände zum Tragen frei zu haben, setzte sie sich eine Krone mit brennenden Kerzen auf den Kopf. Lange Zeit hoffte Lucias Bräutigam noch auf eine Umbesinnung der Auserwählten, aber vergeblich. Gekränkt und enttäuscht zeigte er sie an, so dass sie zum Tode verurteilt wurde.

Da man bis ins 16. Jahrhundert glaubte, dass die Nacht vom 12. auf den 13. Dezember die längste Nacht des Jahres sei, legte man den Luciatag, den Tag des wieder heller werdenden Jahres, auf den 13. Dezember. Gerade in Schweden wird der Luciatag auf besondere Weise gefeiert. Bevor die Morgendämmerung anbricht, erscheint ein Mädchen, weiß gekleidet, mit einer Krone aus Kerzen auf dem Kopf, als Lichtkönigin Lucia; ihr folgt eine Schar junger Mädchen. Zusammen ziehen sie durch die Stadt und singen die traditionellen Lucia-Lieder. Zum Abschluss gibt es für alle ein gemeinsames Frühstück, wobei ein s-förmiges Gebäck aus mit Safran gefärbtem Hefeteig nicht fehlen darf: die Luciabrötchen.

Folge dem Stern

Corinna Mühlstedt

Die Tage werden kürzer und kälter. Die erste Kerze, die wir anzünden, gibt Antwort auf unsere Sehnsucht nach Wärme und Licht. Ihre Flamme ist wie ein Versprechen, dass Finsternis und Kälte nicht das letzte Wort haben werden. Ihr Schein spiegelt sich in unserem Herzen. Sie flackert, ein Lufthauch kann sie auslöschen. Doch ihr Licht schenkt unserem Leben Hoffnung, und wir beginnen zu ahnen, dass Weihnachten mehr ist als ein Termin in unserem Kalender.

Ich möchte in mir ein Licht entzünden, möchte zur Flamme werden, zum Feuer, das Wärme gibt, zum Licht, das Zuversicht schenkt. Jeder Mensch hat im Leben „seinen" Stern. Ich muss ihn nur erkennen zwischen all den grellen Lichtern, die um mich aufleuchten und auf mich einwirken: jenen einen Stern, der mich ganz persönlich meint.

Mag die Welt über mich den Kopf schütteln, weil sie den Stern nicht sieht: Was bedeutet das schon? Niemand außer mir weiß, dass sich dieser Stern in meiner Seele spiegelt.

Sein Licht lebt in mir, und ich ahne, dass es mich zur Krippe führt – dorthin, wo ich Gott begegne.

2

Das schönste Fest im Jahr

O du fröhliche

1. O du fröh-li-che, o du se-li-ge, gna-den-brin-gen-de Weih-nachts-zeit! Welt ging ver-lo-ren, Christ ist ge-bo-ren, freu-e, freu-e dich, o Chris-ten-heit!

O du fröhliche, o du selige,
gnadenbringende Weihnachtszeit!
Welt ging verloren, Christ ist geboren,
freue, freue dich, o Christenheit!

O du fröhliche, o du selige,
gnadenbringende Weihnachtszeit!
Christ ist erschienen, uns zu versühnen;
freue, freue dich, o Christenheit!

O du fröhliche, o du selige,
gnadenbringende Weihnachtszeit!
Himmlische Heere jauchzen dir Ehre;
freue, freue dich, o Christenheit!

Nach einer sizilianischen Weise
Worte von Johannes Daniel Falk

Staunen

Staunend
mit offenen Augen und Ohren
alles wahrnehmen
wie wenn ich es das erste Mal
sehen und hören würde

Pierre Stutz

Eine Zeit für die Sinne

Andrea Schwarz

Es liegt für mich eine Art von Zauber über diesen Wochen, den alle raue und harte Realität nicht durchbrechen kann – im Gegenteil: Manchmal meine ich fast, dass dieser Zauber auch die brutale Wirklichkeit umfasst und verändert. Von diesen Tagen und Wochen scheint etwas auszugehen, das auch die hartgesottenen Herzen „aufweicht".

… Mandarinen, Nüsse und Weihnachtsplätzchen, Kerzen und Geschenkpapierraschen, der Duft von Tannennadeln und das leise, fast unhörbare Geräusch fallenden Schnees, ich schreibe Karten mit dem Gruß „Frohe Weihnacht!", bekomme Weihnachtsgrüße – diese Wochen sind für mich irgendwie anders. Manchmal kommt es mir vor, als klinge da leise, ganz im Hintergrund, eine Melodie, die verzaubert, die mich vielleicht ein wenig neu zum Kind werden lässt, die mich das Staunen, das Offen-Sein lehrt … Die vielfältigen Sinneseindrücke von außen nehmen ab, um den Eindrücken in mir Platz und Raum zu schaffen. Bei aller Hektik – so verlangsamt sich doch das Leben in mir.

Advent und Weihnachten kann bei mir nicht nur mit dem Kopf stattfinden – ich brauche auch etwas für Herz und Hand. Manche mögen das sentimental nennen, für mich heißt es Sinnlichkeit. Und vielleicht ist es gerade eine solche Zeit, in der man, im Sinne von *Antoine de Saint-Exupéry*, mit dem „Herzen gut sieht" … Es ist ein Zauber, von dem diese Tage und Nächte vor der Wintersonnenwende umgeben sind – und ich darf mich in diesen Zauber hineinbegeben, mich verzaubern lassen, wenn ich zugleich nicht die Radikalität und Existenzialität dieser Tage und ihre Botschaft dabei vergesse.

Weihnachten feiern

Christa Spilling-Nöker

Vielleicht nehmen wir uns in diesem Jahr Zeit, uns mit der Familie in der Adventszeit einen Abend zusammenzusetzen und miteinander darüber nachzudenken, wie wir das Weihnachtsfest feiern wollen. Das beginnt mit der Überlegung, ob wir Verwandte oder Freundinnen und Freunde einladen wollen – oder müssen. Damit stellt sich zugleich die Frage, welche Konflikte möglicherweise vorprogrammiert sind – und wie wir ihnen begegnen und mit ihnen umgehen können. Alsdann muss bedacht werden, was auf dem Küchenzettel stehen soll – und wie viel Zeit die Vorbereitung des Festessens in Anspruch nehmen darf, damit am Ende nicht einer von der Familie vor lauter Küchenarbeit nicht mehr zur Besinnung kommt.

Darüber hinaus sollte man sich Gedanken darüber machen, ob man gemeinsam einen Gottesdienst besuchen möchte, wie die Räume geschmückt werden sollen, ob man zusammen singen oder musizieren oder etwas vorlesen möchte – und welche Beiträge ansonsten zur Unterhaltung vorbereitet werden können, um die Abende nicht vor dem Fernseher zu verbringen. Möglicherweise lassen sich für die Feiertage auch Ausflüge, Spaziergänge, Besichtigungen oder Besuche von Konzerten oder Theateraufführungen rechtzeitig einplanen. So können die Weihnachtstage – ohne Langeweile – zu einem Highlight des Jahres werden.

Trau dich, Weihnachten zu feiern

Bruder Paulus Terwitte/Markus C. Leitschuh

Weihnachten verschwimmt so leicht. Damit es klarer wird, muss man die richtigen Schritte tun. Fernab von Kitsch und Shoppingstress warten Lieder und Bräuche darauf, auf ungewöhnliche Weise neu entdeckt zu werden. Wer sie ernst nimmt, wird mit einer Kraft ausgestattet, die zu einem neuen Weihnachtsfest führt. Ob in der Familie oder als Single – Sie haben es selber in der Hand, wie Sie dieses Fest feiern wollen. Weihnachten nimmt den einzelnen Menschen ernst. Dieses Fest bringt zum Ausdruck, dass Gott ein individueller Mensch wird. Das Kind in der Krippe will nicht unsere sentimalen Seiten wecken. Das Kind in der Krippe hat vielmehr Fragen an jeden Menschen: Wo stehst du? Hast du eine eigene Meinung? Weißt du, was in dir steckt? Wer Weihnachten immer wieder neu feiert, kommt voran auf dem Weg zum vollen Menschsein. Die weihnachtlichen Lieder und Bräuche bringen in vielen Variationen die Freude darüber zum Ausdruck, wie wichtig der Mensch ist, wo doch Gott selbst Mensch wird.

Die Weihnachtszeit beginnt mit dem Abend des 24. Dezember und endet am Sonntag nach dem 6. Januar. Im dritten Jahrhundert haben frühe Christen das Fest der Wintersonnenwende umgewidmet. Mit der Geburt Jesu sahen sie den „Winter" der Angst ums Leben vertrieben durch die „Sonne" des Vertrauens, das Gott durch die Menschwerdung seines Sohnes in der Menschheit neu weckte. Auf diesen Dreh- und Angelpunkt des christlichen Glaubens, der in der Heiligen Nacht gefeiert wird, laufen die vier Wochen des Advents hinaus. Wer bis zum Festtag wartet mit der Feier von Weihnachten, gewinnt mit dem Advent eine einzigartige Zeit der Spannung und der Vorfreude.

Ein bewusst gefeiertes Weihnachtsfest beginnt damit, im Trubel der Zeichen und Symbole zwischen Dekoration und Botschaft zu unterscheiden und für sich auszuwählen, was hilft, der eigenen Freude Ausdruck zu geben. Das Tannengrün ist als Hoffnungsfarbe ein Symbol für das Leben, die Kreisform des Adventskranzes weist auf die Ewigkeit hin. Schon im Mittelalter schmückten die Menschen zu bestimmten Festen ganze Bäume. Zu Weihnachten wurden in der Kirche Paradies-Spiele aufgeführt, ein Laub- oder Nadelbaum wurde mit Äpfeln bestückt, was an den Sündenfall erinnern sollte. Heute ist Weihnachten ohne Baum undenkbar. Und der Reiz des frischen Nadelgeruchs im Wohnzimmer bleibt unübertroffen. Ein Stück Hoffnungsgrün im Winter.

Am Heiligen Abend spielt die Bibel, das Wort Gottes, eine wichtige Rolle. Nehmen Sie sich in der Familie oder auch allein zwanzig Minuten Zeit für einen Ritus, der den Sinn von Weihnachten erschließt. Sie versammeln sich im Wohnzimmer (um Krippe oder Christbaum). Es wird ein Lied gesungen. Dann machen alle das Kreuzzeichen und singen ein weiteres Lied. Anschließend wird das Weihnachtsevangelium vorgelesen. Es folgt eine Stille und darauf ein Musikstück. Ein Kerze wird entzündet und dann alle Lichter am Christbaum. Es folgt ein Moment, in dem benannt wird, für wen man an diesem Abend besonders beten möchte. Die Feier schließt mit dem Vaterunser und einem weiteren Lied

Auf der Suche nach dem Sinn der Feiertage entdecken manche die Freude wieder, die einem der Besuch eines Gottesdienstes machen kann. Die festliche Orgel und das beherzte Singen verleihen dem Heiligen Abend seinen Glamour und Reiz. Das gemeinsame Singen hat einen riesigen Vorteil: Man kann seine eigene Stimme in den Dienst des Gesamtklanges stellen; und ein schräger Ton fällt nicht auf.

Das Singen zeigt, wie wir uns das Fest der Weihnacht vorstellen können – als individuelle Menschen mit unseren ganz eigenen Lebensgeschichten und -situationen in die Gemeinschaft gestellt. Und mit unserer eigenen Stimme. Immer in der Freiheit, nicht alles mitmachen zu müssen, wohl aber zu dürfen. Das Geheimnis von Weihnachten ist so anziehend, dass die Christen es in verschiedenen Feiern entfalten. Der Weihnachtsgottesdienst ist nur eine Form, das Ereignis zu feiern, dass der Gottessohn zur Erde kommt. Gerade die freien Tage nach Weihnachten sind gute Gelegenheiten, den Weg zur Krippe öfter zu gehen. Die Kirchen sind dazu geöffnet.

Alle Jahre wieder: Aus nah und fern versammelt man sich am Weihnachtsbaum. Je älter wir werden, desto mehr wird das Kinderfest Weihnachten zu einem Erinnerungsfest. Alle Macken und unausgesprochenen Themen inklusive. Der 1. Feiertag ist der denkbar ungünstigste Moment, die Spannungen des letzten Jahres aufzuarbeiten, und doch spiegeln auch sie sich in den Christbaumkugeln. Drei Tage macht man mehr oder weniger „in Familie"; gewohnte Ablenkungsmanöver des Alltags entfallen. Und doch kann das Wiedersehen mehr sein als die Wiederkehr alter Verletzungen und Streitpunkte. Trau dich, offene Themen und Probleme vor Weihnachten anzusprechen. Räume den Weg frei für ein entspanntes Fest.

Die christlichen Traditionen und Bräuche haben eine Kraft, die zu entdecken sich lohnt. Bräuche müssen zeitgemäß zu einer persönlichen Gestaltung des Festes führen – sei es in der Familie oder als Single. Mut und Kreativität sind gefragt. Mut etwa, den Nachbarn zum Heiligen Abend einzuladen, statt alleine vor dem Fernseher zu sitzen und nur darüber zu trauern, nicht „wie alle" mit der Familie feiern zu können.

Die Botschaft der Weihnachtsbräuche

Joseph Ratzinger/Benedikt XVI.

Fast alle diese Bräuche haben ihre Wurzel in Worten der Heiligen Schrift, die die Kirche in dieser Zeit als Gebetsworte gebraucht; das gläubige Volk hat hier die Schrift gleichsam ins Sichtbare übersetzt.

Da steht zum Beispiel im Psalm 96 das Wort: „Alle Bäume des Waldes werden jubeln vor dem Angesicht Gottes, denn er kommt." […] Die geschmückten Bäume der Weihnachtszeit sind nichts anderes als der Versuch, dieses Wort schaubar wahr zu machen: der Herr ist da – so glaubten und wussten es unsere Ahnen; also müssen die Bäume ihm entgegengehen, sich neigen vor ihm, Lobpreis werden auf den Herrn. Und aus derselben gläubigen Gewissheit heraus haben sie das Wort vom Singen der Berge und Hügel wahr gemacht, und dieses Singen der Berge, das sie angestimmt haben, tönt bis in unsere Zeit herein und lässt uns etwas ahnen von der Nähe des Herrn, die allein dem Menschen solche Töne schenken konnte.

Selbst ein scheinbar so äußerlicher Brauch wie das Weihnachtsgebäck hat seine Wurzel in der Adventsliturgie der Kirche, die in diesen Tagen des sinkenden Jahres das herrliche Wort aus dem Alten Testament aufnimmt: „An jenem Tag werden die Berge Süßigkeit träufeln, und die Flüsse werden Milch und Honig führen." In solchen Worten hatten die Menschen damals den Inbegriff ihrer Hoffnungen auf eine erlöste Welt ausgedrückt. Und wiederum war es so, dass unsere Ahnen Weihnachten als den Tag begingen, an dem Gott wirklich gekommen ist. Wenn er in der Weihnacht kommt, teilt er gleichsam den Honig aus. Dann muss es wahr sein, dass die Erde davon fließt; wo er ist, da ist alle Bitterkeit verschwunden, da stimmen Himmel und

Erde, Gott und Mensch überein, und der Honig, das Honiggebäck, ist Zeichen dieses Friedens, der Eintracht und der Freude.

So ist Weihnachten zum Fest des Schenkens geworden, an dem wir Gott nachahmen, der sich selber geschenkt und uns damit das Leben noch einmal gegeben hat, das erst wirklich zur Gabe wird, wenn zur Milch unserer Existenz der Honig des Geliebtwerdens kommt, einer Liebe, die von keinem Tod, von keiner Untreue und von keiner Sinnlosigkeit bedroht ist.

All dies ist schließlich zusammengeströmt in der Freude darüber, dass Gott ein Kind geworden ist, das uns ermutigt, vertrauend zu sein, wie Kinder es sind, zu schenken und uns beschenken zu lassen.

Die Botschaft der Weihnachtsplätzchen

Andrea Schwarz

Die Zeitschriften sind voll mit neuen Plätzchenrezepten, und wenn man irgendwo einen Besuch macht, dann kann man fast sicher sein, dass man unbedingt die Weihnachtsplätzchen probieren muss und vielleicht sogar, ob man nun will oder nicht, gleich eine Tüte mitbekommt ... Wie so viele Dinge und Zeichen in diesen Tagen, die Barbarazweige, der Adventskranz und der Adventskalender, die liebevoll ausgesuchten Geschenke, die Zeit für einen lange nicht geschriebenen Brief, haben auch die Weihnachtsplätzchen, neben der Tatsache, dass man sie backen, verschenken und selber essen kann, noch eine besondere Botschaft für uns bereit. Und diese Botschaft der Weihnachtsplätzchen hat durchaus sehr viel mit unserem Leben zu tun.

Die Ausgangsfrage für diese Überlegungen lautet: Was macht ein Weihnachtsplätzchen eigentlich zu einem Weihnachtsplätzchen – und eine eher theoretische Antwort darauf würde lauten: seine Gebundenheit an Zeit und Raum. Weihnachtsplätzchen haben jetzt, in diesen Tagen, ihre Zeit. Ein Zimtstern im April ist eher ein trauriger Zimtstern, ein Vanillekipferl im Sommer ist eindeutig zur Entsorgung bestimmt – und im September, wenn in den Geschäften die ersten Lebkuchen angeboten werden, will auch noch nicht so die rechte Freude daran aufkommen.

Die Weihnachtsplätzchen gehören in eine gewisse Zeit. Und das ist eine erste Botschaft der Weihnachtsplätzchen: das zu tun, was eben jetzt zu tun ist – sich innerlich in diesen adventlichen Tagen auf Weihnachten vorzubereiten, das Fest der Geburt Christi – und Weihnachten in uns wachsen zu lassen. Diese Tage tragen eine besondere Chance in sich, eine Chance, die es eben jetzt zu nutzen gilt – und die ich nicht auf April, Juli oder September verschieben kann und darf.

Eine zweite Spur, die die Weihnachtsplätzchen für uns legen könnten, ist die Gebundenheit an den Raum. Oder anders gesagt: Ein Weihnachtsplätzchen wird dadurch zum Weihnachtsplätzchen, dass es eine Gestalt hat, eine Kontur, und damit Grenzen. In dem Klumpen Teig sind Dutzende von Plätzchen enthalten – aber sie sind für uns nicht als Plätzchen erkennbar, weil sie nicht geformt sind. Etwas wird identifizierbar, begreifbar dadurch, dass es eine Gestalt annimmt, eine Form hat. In dem Moment, wo ich ein Förmchen, etwas, das formt, in die Teigplatte hineindrücke, entsteht ein Engel, ein Stern, ein Tannenbaum. Dadurch dass ich Grenzen ziehe, ein Innen und ein Außen schaffe, wird etwas. Das, was keine Grenzen hat, zerfließt, ist ein Nichts, ist nicht erkennbar. Form, Gestalt und Grenze schaffen überhaupt erst Identität. Der Unterschied zwischen einem Teigkloß und einem Brot liegt eben in der Gestalt. Und der Gedanke gilt auch für uns Menschen – ich gewinne Identität dadurch, dass ich mich begrenze, meine Grenzen annehme, Kontur bekomme durch Gestalt. Meine Grenzen geben mir eine Form – und damit unterscheide ich mich von anderen, werde zu einem einmaligen Individuum. In einer „Masse Mensch" werde ich dann unterscheidbar, wenn ich meine mir eigene Gestalt habe und annehme ...

Ich darf zu mir und meinen Grenzen stehen, weil Gott zu mir steht – und ich brauche dabei nicht in Allmachtsgedanken zu zerfließen, ich brauche mich nicht größer zu machen als ich bin, aber ich brauche mich auch nicht kleiner zu machen. Mein Raum ist begrenzt und nicht unendlich – aber den Raum darf ich mir nehmen. Und ich darf zu mir und meiner Einzigartigkeit stehen.

Die Legende von den ersten Honigküchlein

Christa Spilling-Nöker

Als die Hirten die Botschaft der Engel gehört hatten, brachen sie unvermittelt auf, um das Wunder im Stall zu sehen. Dabei hatten sie völlig vergessen, dass sie Brot im Ofen hatten. Als sie zurückkehrten, fürchteten sie, dass es verkohlt sei. Aber das Gegenteil war der Fall. Sie öffneten den Ofen – und ihnen strömte herrlicher Duft entgegen. Sie probierten das dunkle Brot, das keinesfalls verbrannt war, im Gegenteil: Es schmeckte würzig und süß. Sie kosteten es und gaben davon auch ihren zahlreichen Freunden und Verwandten. Damit jeder ein Stück bekommen konnte, brachen sie es in viele kleine Stücke. Zur Erinnerung an dieses Wunder haben sie dann jedes Jahr zu Weihnachten solche kleinen, leckeren Honigkuchen gebacken – äußerlich dunkel wie das Ereignis im Stall von Betlehem, aber von nie gekannter Süße.

Die Legende von den Aachener Printen

Christa Spilling-Nöker

Infolge einer großen Feuersbrunst herrschte unter der Aachener Bevölkerung große Hungersnot Da erinnerte sich ein alter Bäcker an ein einheimisches Backwerk, das seinerzeit das Lieblingsgebäck von Kaiser Karl gewesen war. Aber keiner der Bäcker war imstande, sich genau an das Originalrezept zu erinnern – der Kaiser hatte es mit ins Grab genommen und niemand wagte, seine Totenruhe zu stören. Ein Bäckerlehrling war es, der in seinem jugendlichen Eifer auf die Idee kam, die kaiserliche Ruhestätte, die allgemein nicht bekannt war, zu suchen und das Rezept herbeizuschaffen. Da tauchte der Teufel als vermeintlicher Helfer in der Not auf und schlug dem Burschen einen Pakt vor: Er, der Teufel, weise ihm den Weg zur Gruft – und im Gegenzug besorge ihm der Bäckerjunge den Schlüssel zur Schatzkammer. Schon in der nächsten Nacht führte der Teufel den Lehrjungen zum Grab von Kaiser Karl. Als dieser von der Not seiner geliebten Stadt Aachen erfuhr, gab er das Rezept preis, um anschließend seine Ruhe fortzusetzen. Der Bäckermeister witterte schnell das große Geschäft. Die Printen verkauften sich wie warme Semmeln und erfreuten sich, auch über Aachen hinaus, wachsender Beliebtheit. Doch eines Tages, als der Bäckerlehrling sein Versprechen längst vergessen hatte, erschien der Teufel und forderte seinen Anteil des Pakts. Um den Teufel gnädig zu stimmen, reichte er ihm ein Backblech mit frischen, leckeren Aachener Printen. Vom Duft und Geschmack der Printen berauscht, verschlang der Teufel das köstliche Gebäck mitsamt dem Backblech und tauchte, von höllischen Bauchschmerzen geplagt, ab in den Ort der Verdammnis.

Zwei Krippenlieder

Aus Oberschlesien und aus Russland

Auf dem Berge da geht der Wind,
da wiegt die Maria ihr Kind
mit ihrer schlohengelweißen Hand
sie hat dazu kein Wiegenband.
„Ach Josef, lieber Josef mein,
ach hilf mir wiegen mein Kindelein!"
„Wie kann ich dir denn dein Kindlein wiegn?
Ich kann ja kaum selber die Finger biegn."
Schum, schei, schum, schei.

Schlaf, mein Kindlein,
schlaf ein Schläfchen
bajuschki baju.
Silbermond und Wolkenschäfchen
sehn von oben zu.
Schlaf, mein Kindlein,
sollst einst werden
wohl ein großer Held,
der ein Retter unsrer Erden
und das Heil der Welt.

Krippe und Weihnachtsbaum

Anselm Grün

Vermutlich war es eine Felsenkrippe, in die Jesus gelegt worden war. In Betlehem gibt es Häuser, die über einer Höhle erbaut waren. Die Höhle diente der Unterbringung des Viehs. Dort waren Steintröge und Krippen in den Felsen gehauen. Das griechische Wort für „Herberge" meint wohl das Gemach über der Höhle. Weil in diesem Gemach kein Platz für das neugeborene Kind war, blieb nur der Stall mit der Futterkrippe. Sie ist ein Bild für die Armut des Kindes, in dem Gottes Herrlichkeit aufleuchtet. Im Lauf der Geschichte haben die Künstler die Krippe in den verschiedensten Formen dargestellt. Im Mittelalter wird die Krippe meistens als Holzkrippe dargestellt, in der das Stroh dem Kind ein weiches Lager bereitet. Hier ist die Krippe mitten in den bäuerlichen Alltag hineingestellt. Der Ursprung dieser „Krippenfrömmigkeit" war nicht nur die weihnachtliche Krippenfeier, die der heilige *Franziskus* im Jahr 1223 im Wald von Greccio mit seinen Mitbrüdern und zahlreichem Volk gehalten hat, sondern vor allem auch der Brauch des „Kindleinwiegens", wie er vor allem in den Klöstern der Dominikanerinnen verbreitet war. Indem die Nonnen das Kindlein an ihre Brust legten und es hin und her bewegten, versenkten sie sich in ihre Liebe zu Jesus.

Als Kind war für mich die Vorstellung, dass das Kind in der Krippe liegt, immer etwas Romantisches, Idyllisches, etwas, das ein Gefühl von Heimat und Geborgenheit hervorgerufen hat. Damals haben wir Krippen gebastelt. Und wir legten Strohhalme hinein, wenn wir eine gute Tat vollbracht hatten, damit der Gottessohn weicher liegen konnte. Das war sicher sehr kindlich gemeint. Aber es brachte auch zum Ausdruck, dass wir selbst dem göttlichen Kind eine Krippe bereiten, dass wir in unserem Herzen einen Ort schaffen, in dem Gott geboren werden kann. Unser Herz ist die eigentliche Krippe. Es gibt nicht nur die kindlichen Wiegenlieder. Die Hirtenmusik bei Händel, Bach, Corelli, Manfredini nehmen den Wiegenrhythmus auf. Für mich gehört es heute zum Weihnachtsritual, zur Arie des Weihnachtsoratoriums „Schlafe, mein Liebster, genieße der Ruh" die Hände über der Brust zu kreuzen und mich hin- und herzuwiegen. Da kommt eine Ahnung hoch, dass das göttliche Kind in meinem Herzen wie in einer Krippe liegt. Im Wiegen bringe ich mein Herz zur Ruhe. Ich spüre etwas von der Geborgenheit und Zärtlichkeit, die von diesem Kind in der Krippe ausgeht. Da breitet sich ein tiefer Friede in mir aus. Und ich ahne, dass in meinem Herzen die Liebe selbst wie ein zartes Kind liegt. Indem ich das göttliche Kind in mir wiege, macht es mich selbst liebevoller. Auch wem dieses Wiegen zunächst fremd scheint, der kann es doch einmal versuchen und sehen, ob es nicht doch gut tut und in einen tiefen Frieden und in eine zärtliche Liebe hineinführt, und die Erfahrung von Geborgenheit vermittelt.

Zu den alten Ritualen von Weihnachten gehört auch, seit dem 16. Jahrhundert, der geschmückte Tannenbaum. Die Tanne, die auch im Winter ihr grünes Kleid behält, ist ein altes Symbol für die göttliche Kraft des Lebens, das sich auch durch die Kälte des Winters nicht besiegen lässt. In der christlichen Tradition soll der Baum als immergrüner Baum und zugleich als Lichterbaum Christus in die Häuser bringen und alle Dämonen der Angst, der Feindschaft und der Eifersucht aus ihnen verbannen. Mitten im kalten und dunklen Winter will er Wärme und Licht in unsere Welt tragen.

Die Christen haben den Tannenbaum an Weihnachten als Paradiesbaum verstanden, von dem die „Früchte des Lebens" gepflückt werden. Die Früchte des Lebens werden in Äpfeln und Nüssen dargestellt, die seit alters an den Baum gehängt werden, oder auch durch Christbaumkugeln, die ein Bild für das Ganze und Heile des Paradieses sind. Der Christbaum ist so ein Reis vom Baum der Gnade, zu dem uns Gott in der Geburt seines Sohnes führt, damit sein Öl unsere Schmerzen lindere. Der Baum verbindet auf der Ebene der Symbolik Himmel und Erde. Er ist tief in der Erde verwurzelt und zieht aus der Mutter Erde seine Kraft. Zugleich ragt er in den Himmel und entfaltet seine Krone nach oben. So ist er ein Bild des Menschen, wie er sein sollte, wenn er wie ein Baum verwurzelt ist und doch aufrecht steht, wie ein königlicher Mensch mit einer Krone.

Im Christbaum sind einige Züge einer allgemeinen Symbolik von Bedeutung. Da ist einmal die Verbindung zwischen Himmel und Erde. An Weihnachten hat Gott die Grenze zwischen Himmel und Erde aufgehoben, da ist der Himmel mitten auf der Erde sichtbar erschienen. Dann hat sicher das Bild des abgehauenen Baumes, der wieder ausschlägt, Einfluss auf den Christbaum gehabt. Die adventliche Verheißung aus dem Buch des Propheten Jesaja, dass aus dem Baumstumpf Isais ein Reis hervorsprießt, wird hier bildlich dargestellt. Gerade dort, wo ich gescheitert bin, wo etwas in mir abgeschnitten wurde, wo ein Weg nicht mehr weiter ging, da schenkt mir die Geburt Christi die Gewissheit, dass etwas Neues in mir aufbricht, dass etwas in mir heranwächst, was authentischer und schöner wird als alles Bisherige.

Der Christbaum ist ein Bild dafür, dass durch die Geburt Christi das Leben in uns für immer siegt und sich durch keine Winterkälte verdrängen lässt, dass der Kampf der Geschlechter gegeneinander überwunden ist. Wenn Gott geboren wird, dann zählt der Gegensatz von Mann und Frau nicht mehr, dann sind alle eins in ihrer göttlichen Natur. Die Tannenzweige des weihnachtlichen Schmuckes verbreiten einen ganz besonderen Duft. Wenn ich diesen

Tannengeruch rieche, dann kommen Gefühle hoch, die ich als Kind an Weihnachten hatte. Da ist dann eine Ahnung, dass unser Haus, dass mein Zimmer durch die Geburt Christi anders geworden ist, dass Gott mir nahe kommt und in meinem Hause, in meinem Zimmer wohnt. Und seine Nähe verbreitet einen Duft von Heimat und Geborgenheit, von Zärtlichkeit und Liebe. Es ist keine Nostalgie, die durch diesen Weihnachtsduft aufsteigt, sondern die Ahnung, dass Gott, das Geheimnis, selber unter uns wohnt. Und weil das Geheimnis unter uns wohnt, können wir in unserem Hause daheim sein. In der Tanne stellen wir die Wirklichkeit des Waldes, ja der Natur und der ganzen Schöpfung in unser Haus. Da wird der Zwiespalt von Natur und Zivilisation aufgehoben, da ahnen wir, dass wir auch in unseren Häusern teilhaben an der Kraft, die aus der Mutter Erde strömt. Durch die Menschwerdung Gottes wurde die ganze Schöpfung geheiligt. Und wir Menschen haben daran teil.

Der Lichterbaum

Hermann Kletke

Am Weihnachtsbaum die Lichter brennen,
wie glänzt er festlich, lieb und mild,
als spräch er: „Wollt in mir erkennen
getreuer Hoffnung stilles Bild!"

Die Kinder stehn mit hellen Blicken,
das Auge lacht, es lacht das Herz;
o fröhlich seliges Entzücken.
Die Alten schauen himmelwärts.

Zwei Engel sind hereingetreten,
kein Auge hat sie kommen sehn;
sie gehen zum Weihnachtstisch und beten
und wenden wieder sich und gehn.

„Gesegnet seid, ihr alten Leute,
gesegnet sei, du kleine Schar!
Wir bringen Gottes Segen heute
dem braunen wie dem weißen Haar.

Zu guten Menschen, die sich lieben,
schickt uns der Herr als Boten aus,
und seid ihr treu und fromm geblieben,
wir treten wieder in dies Haus."

Kein Ohr hat ihren Spruch vernommen;
unsichtbar jedes Menschen Blick
sind sie gegangen, wie gekommen;
doch Gottes Segen blieb zurück!

Ein Fest ohne Grenzen

Georg Schwikart

Kaum ein anderes Fest ist so von Traditionen geprägt wie Weihnachten. In meiner Familie beispielsweise laufen manche Dinge jedes Jahr gleich ab: Als die Kinder noch zur Schule gingen, kauften wir am ersten Ferientag gemeinsam den Tannenbaum; am Morgen von Heiligabend wird er geschmückt. Am frühen Abend gehen wir dann in die Kirche, anschließend wird festlich gespeist und endlich findet die Bescherung statt. Dabei packen wir die Geschenke nacheinander aus, es geht reihum. In der Regel kommt die Schwester meiner Frau zu Besuch, und am ersten Feiertag fahren wir zu den Großeltern. So hat jede Familie ihre eigenen Traditionen.

Solche Traditionen gibt es auch auf Länderebene: In Deutschland findet die Bescherung meistens am Abend des 24. Dezember statt. Die Geschenke bringt das Christkind oder der Weihnachtsmann. Das ist aber nicht überall so. *Jultomen,* ein Gnom aus der Fabelwelt, verteilt in Schweden die Geschenke, in Frankreich macht das *Père Noël.* In Großbritannien und Irland füllt *Father Christmas* in der Heiligen Nacht seine Gaben in aufgehängte Strümpfe. In der Frühe des Weihnachtstags flitzen die Kinder dorthin, um nachzusehen, was er gebracht hat. *Sinterklaas* bringt in den Niederlanden schon am 6. Dezember Geschenke. Er wird vom *Zwarten Pieter* begleitet, dem „Schwarzen Peter". Dieser Kinderschreck ähnelt dem deutschen Knecht Ruprecht und wird in Österreich *Krampus,* im französischen Elsass *Hans Trapp* genannt. Erst an Neujahr erhalten die Kinder in Griechenland von *Agios Vasilis* ihre Präsente. Am längsten müssen die Kinder in Italien und Spanien warten: Dort findet die Bescherung erst am 6. Januar statt, dem Tag der Drei Könige, die dem Jesuskind ihre Gaben brachten. Am Vorabend putzen die spanischen Kinder ihre Schuhe besonders gut, stellen Kekse und Milch für die Drei Könige und Wasser für die Kamele bereit und gehen früh ins Bett. Morgens finden sie dann die Geschenke vor. Immer öfter werden sie aber bereits am Heiligabend beschenkt, damit sie in den Weihnachtsferien mit den neuen Sachen spielen können.

Und was kommt am Weihnachtstag Gutes auf den Tisch? In Deutschland essen viele Familien Gans, in Irland freut man sich auf Räucherlachs, in Schweden gehört zur Festtafel Schweinsfußsülze. In England darf der gefüllte Truthahn nicht fehlen. Zum Nachtisch wird *Plumpudding* serviert, ein Kuchen aus eingeweichten Rosinen und Früchten, der schon Wochen vorher gebacken wird, damit er gut durchziehen kann. Man backt eine Münze hinein, und wer sie in seinem Stück findet, soll im kommenden Jahr Glück haben. Ähnliches kennen die Dänen: Sie kochen Reisbrei, in dem sich eine Mandel befindet, die Glück bringt. In Spanien genießt man *Turrón* (einen Mandelkuchen), in Italien gehört der Napfkuchen *Panettone* auf die traditionelle Speisekarte. In Russland verzehren die Familien einen Brei aus Getreide und Honig, der wegen seiner Süße als ein Symbol für Hoffnung, Glück und Erfolg angesehen wird. Übrigens essen ihn alle am Tisch von nur einem Teller, um die Gemeinschaft der Feiernden zu betonen.

Auch andere Bräuche verdeutlichen den Zusammenhalt derjenigen, die gemeinsam feiern: In Finnland geht man am Heiligen Abend vor dem Essen in die Sauna. In Polen kommt auf die Festtafel ein zusätzliches Gedeck – für einen unerwarteten Gast. Briten hängen in den Türrahmen einen Mistelzweig. Wenn sich zwei Menschen darunter begegnen, dürfen sie sich einen Kuss geben. Und natürlich verbindet der gemeinsame Besuch der Christmette, der ebenso wie das Singen und Spielen von Weihnachtsliedern Gemeinschaft stiftet.

3

Zur heiligen Nacht

Es ist ein Ros' entsprungen

1. Es ist ein Ros entsprungen aus einer Wurzel zart. Wie uns die Alten sungen, von Jesse kam die Art und hat ein Blümlein bracht, mitten im kalten Winter, wohl zu der halben Nacht.

Zur heiligen Nacht

Es ist ein Ros' entsprungen
aus einer Wurzel zart,
wie uns die Alten sungen,
von Jesse kam die Art
und hat ein Blümlein bracht
mitten im kalten Winter
wohl zu der halben Nacht.

Das Röslein, das ich meine,
davon Jesaja sagt,
ist Maria, die Reine,
die uns das Blümlein bracht.
Aus Gottes ewgem Rat
hat sie ein Kind geboren,
welches uns selig macht.

Das Blümelein so kleine,
das duftet uns so süß;
mit seinem hellen Scheine
vertreibt's die Finsternis.
Wahr' Mensch und wahrer Gott,
hilft uns aus allem Leide,
rettet von Sünd und Tod.

Worte und Weise aus dem 16. Jahrhundert

Heilende Nacht

Einander begegnen
in der heiligen Nacht
den Christusstern sehen
als liebende Kraft
die neu in uns geboren wird

Pierre Stutz

Gottes Zukunft

Margot Käßmann

Das Kind in der Krippe wird die Botschaft von der Liebe Gottes den Menschen weitergeben, sein Leben wird davon erfüllt sein und große Anziehungskraft haben. Wie schon bei seiner Geburt, werden es vor allem die Menschen am Rande sein, die Hirten aller Zeiten, die Neugierigen, die Weisen aller Jahrhunderte, die diese Botschaft hören. Die Herrschenden dagegen wird die Botschaft des Jesus von Nazareth immer wieder irritieren, weil sie ihre Macht in Frage stellt, weil sie von einer anderen Macht redet und von einem Reich, das nicht von Gewalt, sondern von Liebe zusammengehalten wird. Es ist eine Umkehr der Verhältnisse, die Jesus predigt, eine Kontrastgesellschaft, die er mit seinen Worten ausmalt und die er lebt.

Der Höhepunkt dieser Umkehr der Verhältnisse wird sein, dass der Tod nicht das letzte Wort behält. Der „Thrill of Hope", dieser Schauer, diese Ahnung, dieses Flimmern der Hoffnung wird zur revolutionären Infragestellung all dessen, was als „Lauf der Zeit" und „Gang der Dinge" hingenommen wird. Und so hallt durch die Zeit die Melodie der Zukunft Gottes, in der „alle Tränen abgewischt werden, Not, Leid und Geschrei ein Ende haben und der Tod nicht mehr sein wird" (Offenbarung 21). Diese Hoffnung wird Menschen auf den Weg bringen wie die Gestalten der Weihnachtsgeschichte. Sie werden sich nicht abfinden mit den vermeintlich unabänderlichen Verhältnissen, die sie vorfinden – weil die Welt schon verändert ist. Was die Engel erkennen, können auch wir schon im Glauben ahnen.

Die Weihnachtsbotschaft

Lukasevangelium

Es geschah aber in jenen Tagen: Ausging ein Erlass vom Kaiser Augustus, aufgezeichnet solle werden(der ganze Erdkreis). Diese erste Aufzeichnung geschah, als Quirinius Statthalter von Syrien war. Und alle zogen hin, sich aufzeichnen zu lassen, ein jeder in die ihm eigene Stadt.

Hinaufstieg aber auch Josef von Galiläa aus der Stadt Nazaret nach Judäa in die Stadt Davids, die Betlehem heißt, weil er aus dem Haus und Geschlecht Davids war, um sich aufzeichnen zu lassen mit Maria, der ihm Angetrauten, die schwanger war.

Es geschah aber, während sie dort waren: Erfüllt wurden die Tage, dass sie gebären sollte. Und sie gebar ihren Sohn, den Erstgeborenen. Und sie wickelte ihn und bettete ihn in einer Krippe, weil sie keinen Platz hatten in der Unterkunft.

Und Hirten waren in derselben Gegend im Freien und hielten Nachtwache bei ihrer Herde. Und ein Engel des Herrn trat zu ihnen und die Herrlichkeit des Herrn umstrahlte sie. Und sie fürchteten sich in großer Furcht; doch es sprach zu ihnen der Engel:

„Fürchtet euch nicht! Denn siehe, ich frohbotschafte euch große Freude, welche zukommen wird dem ganzen Volk. Denn geboren wurde euch heute ein Retter, der ist Christus, Herr, in Davids Stadt. Und dies sei euch das Zeichen: Finden werdet ihr ein Neugeborenes, gewickelt und in einer Krippe liegend."

Und plötzlich ward mit dem Engel eine Menge himmlischen Heeres; die lobten Gott und sagten: „Herrlichkeit in den Höhen Gott und auf Erden Friede unter den Menschen des Wohlgefallens!"

Und Friede auf Erden

Rudolf Pesch

Volkszählungen dienten in der Regel der Steuererhebung und waren besonders deshalb höchst unbeliebt. Nun gab es in Israel die „erste Aufzeichnung", und zwar auf Anordnung des Fremdherrschers, des römischen Kaisers, zum Zweck der Steuererhebung. Der Galiläer Judas rief im ersten Jahrhundert zum Aufstand gegen die Römer und führte mit seinen Bandenkriegern einen Partisanenkrieg gegen die römische Besatzung und deren Kollaborateure. Im Jahre 66 nach Christus haben die Zeloten mit dem Verbrennen von Steuerlisten den Krieg gegen Rom begonnen.

Dass der steuerfressende Staat, der seine Untertanen zu Abgaben zwingt, dass der Kaiser als sein Repräsentant nicht der „Heiland" der Welt ist, konnte die christliche Urgemeinde im gespannten politischen Umfeld Judäas tagtäglich erfahren. Das Weihnachtsevangelium erzählt nun, wie die Eltern Jesu dem Kaiser geben, was des Kaisers ist, und nach Betlehem ziehen, um sich aufzeichnen zu lassen. Aber, es lässt ebenso bewusst in der Zeit der Unterdrückung Israels durch den Fremdherrscher Augustus durch Gottes Engel Jesus als den Retter, Herrn und Friedensfürsten proklamieren. Die Ausrufung dieses Friedensfürsten ist nicht von Soldaten geleistet, sondern von der himmlischen Heerschar. Und beglaubigt wird sie durch die Hirten, welche für die glaubenden Mitglieder der ersten Gemeinden stehen.

Das Weihnachtsevangelium, das nicht im Kaiser Augustus den Retter oder Herrn erkennt, sondern in Jesus von Nazaret, macht klar, dass der Friede auf Erden nicht dort erwartet werden kann, wo Menschen von Menschen göttliche Ehre dargebracht wird, oder dort, wo der Mensch für Gott die Ehre erzwingen zu müssen glaubt. Das Bekenntnis zu Jesus ist das Bekenntnis zu einem „Frieden", der von Gott geschenkt ist, dessen Bedingungen der Mensch nicht macht oder herstellt. Die Bewegung der Umkehr und des Glaubens wird in der Bewegung der Hirten, die von der Botschaft des Engels gewiesen eilends nach Betlehem aufbrechen, symbolisch beschrieben. Wer sich ernsthaft für den Frieden interessiert, „geht hin, um dies Ding, das geschehen ist, sich anzusehen"; er lässt sich die Friedensbotschaft gesagt sein und akzeptiert das „Zeichen", das „Neugeborene in einer Krippe liegend".

Die christliche Botschaft vom Frieden wartet nicht mit Sensationen auf, sondern mit dem unscheinbaren Miteinander von Menschen aus allen Nationen in einer unableitbaren konkreten Geschichte. Sie ist auf einen Ort verwiesen, den Ort, an dem der „Friedensfürst" in der Mitte seines Friedensvolkes zu finden ist.

Das große Licht

Simon Dach

Die wir in Todes Schatten
So lang gesessen sind
Und kein Erleuchtung hatten,
In Gottes Sachen blind,
Und kunnten nichts verstehen,
Nicht Gnade noch Gericht,
Sehn über uns aufgehen
Anjetzt ein helles Licht.

Ein Licht, dadurch wir schauen
In Gottes Herz hinein,
Dass Er in Zuvertrauen
Der unsre nun will sein,
Ein Licht, das heftig brennet
In unser Fleisch und Blut,
Dass sich ein Mensch erkennet
Und was für Sund er tut.

Ein Licht, das plötzlich fähret
Tief in der Gräber Nacht
Und uns den Tod erkläret
Mit alle seine Macht,
Das uns vor Augen malet
Wie nichts sei Welt und Zeit
Und wie vor allen strahlet
Der Glanz der Ewigkeit.

Stunden der Nacht

Pierre Stutz

„Die Sonne lehrt alle Lebewesen die Sehnsucht nach dem Licht. Doch es ist die Nacht, die uns alle zu den Sternen erhebt", schreibt der libanesisch-amerikanische Dichter *Khalil Gibran* (1883–1931). Ich entdecke in diesen Worten eine Spur, die mich wirklich Mensch sein lässt: bewohnt von einer unendlichen Sehnsucht nach Licht und herausgefordert, die Nacht, das Schwere, den Schmerz, die Unvollkommenheit anzunehmen und in mein Dasein einzubinden. In unaufhaltsamen Stunden der Nacht, in denen ich selbst verzweifelt nach Sinn und nach Geborgenheit getastet habe, sind mir Sternstunden geschenkt worden. Erst im Nachhinein erkenne ich die heilende Kraft der Nacht, in deren Stunden das Göttliche in mir neu geboren wird.

In diese dunkle Welt

Andrea Schwarz

Wenn Gott zur Welt kommt, dann kommt er nicht nur in die nette, schöne und heile Welt, die wir in den vier Wochen vor Weihnachten inszenieren, sondern dann kommt er gerade auch in diese dunkle Welt, in der Menschen keinen Ausweg mehr wissen, auf der Flucht sind, verhungern, hingerichtet werden. Dann kommt er zu Menschen, die einsam sind und von Angst besetzt, nicht wissen, wie sie die nächste Miete bezahlen sollen, wann sie das nächste Mal eine warme Mahlzeit bekommen. Dann kommt er zu den Menschen, deren Träume gescheitert sind, die keinen Ausbildungsplatz finden, deren Diagnose heißt: „Nicht mehr heilbar".

Gott kommt nicht zu den Reichen, Starken, Schönen, um mit ihnen rauschende Feste zu feiern, sondern er kommt zu den Kleinen, Armen, Schwachen. Er kann die Dunkelheiten, in denen sie leben, in denen wir leben, nicht wegnehmen, aber er begibt sich selbst mit hinein, als Kind in der Krippe, als Sterbender am Kreuz, um uns zu sagen: „Ich liebe euch so sehr, dass ich euch nicht alleine lasse!"

Dieser Gott erbarmt sich unser, indem er selbst Mensch wird und all diese Dunkelheiten unseres Mensch-Seins auf sich nimmt, um uns ganz nahe zu sein. Begonnen hat das damals vor gut zweitausend Jahren in Betlehem.

Das Licht der Welt

Franz Kamphaus

Wir alle haben das Licht der Welt erblickt. Hintergründig dieses Wort! Es weist auf unsere Geburt hin, es deutet an, woher wir kommen: aus der dunklen Bauchhöhle, aus dem Mutterschoß. Höhle, Grotte, Nacht – die Bilder sind uns gerade in der Advents- und Weihnachtszeit vertraut. Sie erzählen auch von unserer eigenen Geschichte.

Der dunkle Schoß ist Urbild unserer Herkunft. Er sitzt uns in den Knochen, wenn wir das Licht der Welt erblicken. „Es werde Licht", sagt Gott am Anfang der Welt (Genesis 1,3). Sein erstes Wort! Licht ist Leben. Gott ist ein Freund des Lebens. Darum möchte er, dass wir das Licht der Welt erblicken und die Wahrheit ans Licht kommen lassen, aufklären und erhellen, wärmen und heilen. Aber die Dunkelheit haben wir nicht ein für allemal hinter uns, wenn wir das Licht der Welt erblicken. Die hat Gott sich und uns nicht erspart.

Vor zweitausend Jahren hat Jesus das Licht der Welt erblickt. Er ist dorthin gekommen, wo wir sind, wo man Gerechte verhöhnt und aufs Kreuz legt. Er steckt in unserer Haut. Und da ist nicht alles Licht, oft genug sieht es ganz finster aus. Er hat das Licht der Welt erblickt – nicht von ungefähr; denn nun kommt der springende Punkt: Er hat das Licht der Welt erblickt, damit wir ihn als das Licht der Welt erblicken. Das Wort wendet sich – an uns. „Das wahre Licht, das jeden Menschen erleuchtet, kam in die Welt" (Johannes 1,9), sagt das Evangelium. „In ihm (Christus) war das Leben, und das Leben war das Licht der Menschen" (1,4).

Ohne Licht sieht man nichts, aber das Licht kann man nicht sehen. Nur wenn es sich bricht, nehmen wir es wahr; besonders anschaulich beim Regenbogen: Das Sonnenlicht bricht sich in den Regentropfen. Wenn wir bemaltes Glas in die Hand nehmen, sieht es dreckig aus. „Stained glass", sagen die Engländer, schmutziges Glas. Wenn wir es gegen die Sonne halten, beginnt es zu strahlen. Bricht sich das Christuslicht in der Welt, in den Menschen, dann leuchtet es, dann kann man es auch heute wahrnehmen.

Viele fragen: Wo denn? Zweitausend Jahre Christentum, und die Welt ist nach wie vor belastet durch Korruption und Affären, zerrissen durch Hunger, Gewalttat und Krieg. Das Christentum selbst hat lange Schatten geworfen, bis heute. Viele sehen schwarz, wenn sie Kirche hören. Sie verlieren das Licht aus den Augen, die Lichtspur, die sich von Christus her durch die Jahrhunderte zieht.

Das Christuslicht hat sich in Menschen gebrochen, vorab in den Heiligen. Es hat Geschichte gemacht – nicht nur Kirchengeschichte. An dieses Licht kann man sich halten, wie an Orientierungslichtern bei Nachtfahrten und Nachtwanderungen: Jeder Mensch ist Mensch, nicht der eine mehr, der andere weniger, nicht der eine wertvoll, der andere unwert. Jeder Mensch ist Mensch. Er hat nicht nur einen Wert, sondern eine unantastbare Würde. Das kommt von Jesus her. Die geschlagenen und gescheiterten Menschen, die Armen und Schwachen, die Opfer und Verlierer, die am Boden liegen – manche denken vielleicht: der letzte Dreck, kaputte Typen. Wenn man sie wie die Glasscherbe aufnimmt und gegen das Licht hält, beginnen sie zu leuchten – eine unzerstörbare Würde. Das kommt von Jesus her […] Man kann dieser Lichtspur durch zwei Jahrtausende nachspüren. Und dann kann es geschehen: „Mensch, da geht mir ein Licht auf." Eine kostbare Erfahrung, wie ein Geschenk des Himmels. Das verdanken wir nicht uns selbst. Es geht mir auf. Das Licht ist in mir, es leuchtet mir ein. Es gehört so zu mir, dieses Christuslicht, sein Wort, sein Leben, sein Geist, dass ich mir das Leben ohne ihn nicht mehr vorstellen kann.

Der Messias ist da!

Anthony de Mello

Ein in seiner Höhle im Himalaja meditierender Guru öffnete die Augen und erblickte einen unerwarteten Besucher – den Abt eines wohlbekannten Klosters.

„Was sucht Ihr?", fragte der Guru.

Der Abt erzählte eine leidvolle Geschichte. Sein Kloster war einst in der ganzen westlichen Welt berühmt. Junge Bewerber füllten die Zellen, und seine Kirche hallte wider vom Gesang der Mönche.

Aber das Kloster hatte schwere Zeiten durchzumachen. Die Menschen strömten nicht mehr herbei, um geistige Nahrung aufzunehmen. Der Zustrom junger Bewerber war versiegt, in der Kirche war es still geworden. Nur ein paar Mönche waren geblieben, und sie gingen schweren Herzens ihren Aufgaben nach.

Der Abt wollte nun wissen: „Ist das Kloster um unserer Sünde willen in einen solchen Zustand verfallen?"

„Ja", sagte der Guru, „die Sünde der Ahnungslosigkeit."

„Und was ist das für eine Sünde?"

„Einer von euch ist der Messias – verkleidet – und ihr merkt es nicht." Nachdem er das gesagt hatte, schloss der Guru seine Augen und versank wieder in Meditation.

Während der beschwerlichen Rückreise zum Kloster schlug das Herz des Abtes schneller bei dem Gedanken, dass der Messias – der Messias in Person – auf die Erde zurückgekehrt war und sich in seinem Kloster befand. Wie war es möglich, dass er ihn nicht erkannt hatte?

Und wer konnte es sein? Der Bruder Koch?

Der Bruder Sakristan? Der Bruder Verwalter?

Der Bruder Prior? Nein, der nicht, er hatte leider zu

viele Fehler. ... Aber einer von ihnen musste der Messias sein!

Als er wieder im Kloster war, versammelte er die Mönche und sagte ihnen, was er gehört hatte.

Ungläubig guckten sie einander an. Der Messias? Hier? Unglaublich! Und doch hieß es, er sei hier in Verkleidung. Wenn es nun der und der wäre? Oder der dort drüben? Oder ...

Eine Sache war sicher: Wenn der Messias sich hier verkleidet befand, war es nicht sehr wahrscheinlich, dass sie ihn erkennen würden.

Also ließen sie es sich angelegen sein, jeden respektvoll und mit Rücksicht zu behandeln.

„Man kann nie wissen", sagten sie sich, wenn sie miteinander zu tun hatten, „vielleicht ist es gerade der."

Die Folge war, dass im Kloster eine ansteckend fröhliche Stimmung herrschte. Bewerber bemühten sich bald wieder um Aufnahme in den Orden, und erneut hallte die Kirche wider von dem frommen und frohgemuten Gesang der Mönche, die vom Geist der Liebe beseelt waren.

Heilige Nacht

Phil Bosmans

Was wäre, wenn Weihnachten nicht wäre? Es gäbe keine Weihnachtsbäume, kein Weihnachtsgeschäft, keine Weihnachtsferien, keine Weihnachtspost, keine Weihnachtsgeschenke. Keine Weihnachtsfreude – aber auch keinen Weihnachtsärger. Manche werden denken: Wenn Weihnachten nicht wäre, gäbe es keinen Stress vor dem Fest und keine trostlose Stimmung, während andere fröhlich feiern.

Dennoch bleibt Weihnachten für die meisten das schönste Fest des Jahres. Aber hilft das weiter, wenn es ernst wird? Weihnachten ist mehr als ein stimmungsvoller Höhepunkt. Wir brauchen Weihnachten, um leben zu können! Weihnachten ist so lebensnotwendig wie das tägliche Brot. Als Jesus auf die Welt kam, war in der Herberge kein Platz für ihn. Aber da war ein Stern und eine Krippe, die den Vorteil hatte, leer zu sein. Und da war eine unglaubliche Botschaft, die Botschaft vom Frieden für alle Menschen, die sich öffnen für ihre Mitmenschen und für Gott.

Wenn Weihnachten naht, kommt manches zum Vorschein. Menschen zeigen sich von ihrer besten Seite. Durch die Lande geht eine Welle der Hilfsbereitschaft, wie die Welle der Begeisterung in Fußballstadien. Aber wir wissen, dass Menschen auch ganz anders sein können. Wo Menschen leben, gibt es auch böse Worte und böse Taten. Viele leben mit Wunden in ihrem Herzen, die nicht heilen wollen und zu Weihnachten besonders schmerzen.

Was machen wir, wenn es dunkel wird in unserem Leben? Wenn wir nichts mehr sehen und schwarze Ängste uns überfallen? Als kleine Kinder klammerten wir uns an die Hand des Vaters oder krochen zur Mutter ins Bett. Manchmal möchten auch Große am liebsten die Bettdecke über den Kopf ziehen und nichts mehr hören und sehen. Gegen das Dunkel in der Wohnung können wir Lampen einschalten. Aber gegen das Dunkel im menschlichen Leben hilft keine künstliche Beleuchtung.

Weihnachten geschieht mitten in der Nacht.

In dieser Nacht ist Gott selbst in unsere dunkle Welt gekommen. Jetzt ist sein Licht da. Ein wunderbares Licht, das die Schrecken aller Menschennächte vertreibt. Die Nacht wird zur „Heiligen Nacht". Wir brauchen das Dunkel nicht mehr zu fürchten.

Um Licht zu sehen, brauchen wir Augen. Um Liebe zu erfahren, brauchen wir ein Herz. Die Qualität unseres Lebens hängt nicht nur von Gesundheit, Leistung oder vom Geld ab, auch wenn das viele heute meinen. Worauf es ankommt, ist viel mehr die Qualität unseres Herzens, die Fähigkeit, aus Liebe und mit Liebe zu leben. Solche Menschen haben Ausstrahlung. Sie verbreiten Licht und Zuversicht.

> *Verbreite Licht,*
> *sei ein kleiner Stern!*
> *Vielleicht braucht dich jemand*
> *in seiner Nacht.*

Heilige Nacht der Schöpfung

Anton Rotzetter

Die Nacht hat ihr eigenes Geheimnis. Der Lärm ist verstummt, das tägliche Treiben hat ein Ende genommen. Wenn sich alles Getriebe und Gedränge zurückgezogen hat, brechen die Untiefen auf, das Unerklärliche und Unsägliche, das Unaussprechbare und Unbenennbare.

Die Schönheit, die bezaubert, die Unendlichkeit des Alls, in der wir beheimatet sind, die Nacht, die uns ihr Geheimnis zeigt, führt den Menschen immer wieder vor die Erfahrung der Nähe Gottes. Es ist der majestätische Gott, der Herrscher, der Herr, der sich mit seiner Hoheit dem Menschen aufdrängt. Viele Menschen haben heute Mühe, von Gott zu reden. „Herr" und „Herrscher" sind keine Namen Gottes mehr. Zu männlich und zu machtorientiert ist das für die meisten. Auf der anderen Seite kennen auch wir „überwältigende" Erlebnisse – und Gott gehört doch gewiss zu jenen Erfahrungen, die uns die Sprache verschlagen und vielleicht sogar verstummen lassen. Da bleibt jede Sprache hinter der Wirklichkeit dessen, was zu sagen wäre, um Unendlichkeiten zurück.

Früher einmal konnten wir der Meinung sein, dass alles Unglück und alles Böse vom Menschen kommt. Gott habe, sagte man uns mit den Worten des biblischen Schöpfungsberichtes, die Schöpfung „gut", ja „sehr gut" gemacht. Erst durch den Sündenfall des Menschen sei das Böse in die Welt gekommen, die Grausamkeit, der Tod, die Krankheit, die Katastrophe, die Zerstörung …

Heute wissen wir: Auch Krebswucherungen, wenn sie fotografiert werden, sind „schön". Ebenso wissen wir, dass die Grausamkeit bereits im Vormenschlichen so groß ist, dass auch größte und zutiefst religiöse Denker wie *Reinhold Schneider* am Schöpfergott zweifelten.

Mehr noch: Wir wissen heute, dass die Schöpfung von Anfang an durch ein zerstörerisches Prinzip in ihrer Entfaltung vorangetrieben wird. Jede lebendige Fortentwicklung ist erkauft durch den Tod anderer Lebewesen. Jeder Schritt in intensivere Lebensformen wird begleitet durch das Absterben anderer. Es gibt kein Fortbewegen der Evolution, ohne dass dafür nicht etwas anderes zerstört wird. Immer wieder wird das Schwache dem Stärkeren geopfert.

Der Sinn des biblischen Schöpfungsberichtes liegt demnach nicht in der Vergangenheit, sondern in der Gegenwart. Die gute, ja sehr gute Schöpfung ist nicht als historischer Anfang, nicht als Ur-Zustand zu verstehen, sondern als das „Bild", das sich Gott von der Welt macht und das der Geschichte vorausliegt. Sie ist ein Handlungsziel, eine in die Zukunft weisende Aufgabe, der sich der Mensch mit all seinen Kräften zu widmen hat. Die biblischen Schöpfungstexte weisen nach vorn auf Gottes endgültigen Advent, Gottes endgültige Ankunft. Sie zeigen die Richtung an, in die göttliches Heilshandeln und menschliches Bemühen gehen sollen.

Was wir am Geburtsfest Jesu, an Weihnachten, feiern, ist nicht nur die Erinnerung an einen guten Menschen, der einmal gelebt hat. Wir feiern vielmehr das befreite Menschsein des Menschen und das offenbare Gottsein Gottes. Wir feiern das endgültige Ankommen Gottes in seiner Schöpfung und die messianische Aufgabe, im Hier und Jetzt das Leben in Fülle erfahrbar zu machen, das Chaos zu bändigen und uns auf ein Ziel hin zu bewegen, an dem unsere Schöpfung insgesamt „gut", ja „sehr gut" ist.

Mögest du an Weihnachten hineingenommen werden in die messianische Bewegung, in der du selbst, alle Menschen und Mitgeschöpfe einbezogen sind in die Dynamik der schöpferischen Liebe Gottes!

Heilsame Enttäuschung

Otto Hermann Pesch

Gott erhört unser Rufen – aber anders, als wir denken. Er enttäuscht unsere Hoffnungen und Sehnsüchte im gleichen Augenblick, wo er sie erhört und erfüllt. Wir stehen nicht auf der Seite eines strahlenden Siegers, wenn wir an Jesus glauben. Wir stehen nicht einer Welt von Blamierten gegenüber, die verstört und deprimiert sagen: Seht da die Christen, sie sind im rechten Augenblick auf den richtigen Zug gesprungen! Nein, wir stehen bei einem, den niemand richtig annehmen wollte. Das schließlich siegende Christentum hatte für Jahrhunderte nichts Wichtigeres zu tun, als die Blamage in einen Triumph umzudeuten. Aber das kann ja nur mühsam überdecken, dass Gottes enttäuschendes Handeln weitergeht. Denn auch alles Unheil dieser gequälten Erde geht weiter.

Und doch ist es heilsam, wenn Gott uns so enttäuscht. Welchem Mächtigen könnten wir denn vertrauen, selbst wenn er vom Himmel her tätig würde, solange sein Interesse nicht ganz das unsere wäre und umgekehrt? Wie aber könnte das sein, wenn er nicht ganz bei uns steht, dort, wo wir die Not und die Niederlagen erfahren? Wie kann unser Interesse das seine sein, wenn er nicht ganz einer von uns wird?

Niemand konnte das von Gott einklagen – aber nun ist die Nachricht in der Welt: In einem ganz von uns – nicht an den Höfen der Mächtigen, sondern in einem verachteten Winkel der Welt, wo keine große Geschichte geschrieben wurde –, da hat er sich mit uns ganz gemein gemacht. Er, der reich war, ist für uns arm geworden, der Herr wurde Knecht, der Herrscher wurde gehorsam, der ganz Gute wurde umgebracht. Darum können wir ihm vertrauen, können ihm zutrauen, dass er uns genau kennt und darum wirklich helfen kann, dass wir frei werden, froh und erlöst. Nie wieder sollen wir auf einen Gott vertrauen, der die Berge erbeben und die Völker erzittern lässt. Nie wieder dürfen Christinnen und Christen mit einem solchen Gott drohen, weder den Kindern noch widerwilligen Erwachsenen. Und vor allem: Nie wieder dürfen Menschen meinen, sie hätten das Recht über andere zu herrschen und ihnen ihren Willen aufzuzwingen, weil ja Gott auch so über die Menschen herrsche.

Gott kommt zu uns nicht nur als Mensch, nicht einmal nur als armer, ausgelieferter Mensch. Gott kommt – als *Kind*. Runzlig-rot. So drastisch zerschlägt er unsere „vernünftigen", majestätischen und mächtigen Gottesbilder.

Ein Kinderlied auf die Weihnacht Christi

Martin Luther

Und wär die Welt vielmal so weit
von Edelstein und Gold bereit',
so wär sie doch dir viel zu klein
zu sein ein enges Wiegelein.

Der Sammet und die Seide dein,
das ist grob Heu und Windelein.
Darauf du König groß und reich
herprangst, als wär's dein Himmelreich.

Das also hat gefallen dir,
die Wahrheit anzuzeigen mir,
wie aller Welt Macht, Ehr und Gut,
vor dir nichts gilt, nichts hilft noch tut.

4

An der Krippe beim Kind

Gelobet seist du, Jesu Christ

Gelobet seist du, Jesu Christ,
dass du Mensch geboren bist
von einer Jungfrau, das ist wahr;
des freuet sich der Engel Schar.
Kyrieleis.

Gelobet seist du, Jesu Christ,
dass du Mensch geboren bist
von einer Jungfrau, das ist wahr;
des freuet sich der Engel Schar.
Kyrieleis.

Des ewgen Vaters einig Kind
jetzt man in der Krippe find't.
In unser armes Fleisch und Blut
verkleidet sich das ewig Gut.
Kyrieleis.

Den aller Welt Kreis nie umschloss,
der liegt in Marien Schoß.
Er ist ein Kindlein worden klein,
der alle Ding erhält allein.
Kyrieleis.

Das ewig Licht geht da herein,
gibt der Welt ein neuen Schein.
Es leucht wohl mitten in der Nacht
und uns des Lichtes Kinder macht.
Kyrieleis.

Melodie aus Meidingen, 15. Jahrhundert
Worte von Martin Luther

Mit jedem Kind

Mit jedem neugeborenen Kind
wird für mich die Hoffnung
neu geboren.

Mit jedem neugeborenen Kind
spüre ich, wie verletzlich
und bedroht die Hoffnung ist.

Mit jedem neugeborenen Kind
erhält die Hoffnung
ein Gesicht, Füße und Hände
und ein sensibles Herz.

Mit jedem neugeborenen Kind
erneuert sich das kraftvolle Ereignis
jener Nacht in Betlehem,
das Erde und Himmel verbindet.

Pierre Stutz

In der Hand eines Kindes

Dietrich Bonhoeffer

„Uns ist ein Kind geboren, ein Sohn ist uns gegeben." Von der Geburt eines Kindes ist die Rede, nicht von der umwälzenden Tat eines starken Mannes … Wie zur Beschämung der gewaltigsten Anstrengungen und Leistungen wird hier ein Kind in den Mittelpunkt der Weltgeschichte gestellt. Ein Kind, von Menschen geboren, ein Sohn, von Gott gegeben. Das ist das Geheimnis der Erlösung der Welt; alles Vergangene und alles Zukünftige ist hier umschlossen. Die unendliche Barmherzigkeit des allmächtigen Gottes kommt zu uns, läßt sich zu uns herab in der Gestalt eines Kindes, seines Sohnes. Daß uns dieses Kind geboren, dieser Sohn gegeben ist, daß mir dieses Menschenkind, dieser Gottessohn gehört, daß ich ihn kenne, ihn habe, ihn liebe, daß ich sein bin und er mein ist, daran hängt nun mein Leben. Ein Kind hat unser Leben in der Hand. Wie wollen wir diesem Kinde begegnen? Sind unsere Hände durch die tägliche Arbeit, die sie vollbrachten, zu hart und zu stolz geworden, um sie beim Anblick dieses Kindes anbetend zu falten? Tragen wir unseren Kopf, der so viele schwere Gedanken hat, denken, Probleme hat lösen müssen, zu hoch, als daß wir ihn vor dem Wunder dieses Kindes noch demütig beugen können? Können wir alle unsere Anstrengungen, Leistungen, Wichtigkeiten noch einmal ganz vergessen, um mit den Schafhirten und mit den Weisen aus dem Morgenland vor dem göttlichen Kind in der Krippe kindlich anzubeten … und in diesem Augenblick die Erfüllung unseres ganzen Lebens dankbar zu erkennen? Es ist wahrhaftig ein seltener Anblick, wenn ein starker, stolzer Mann seine Knie vor diesem Kind beugt, wenn er einfältigen Herzens in ihm seinen Heiland findet.

Lass mich dein Kripplein sein

Paul Gerhardt

Eins aber, hoff ich, wirst du mir,
mein Heiland, nicht versagen:
dass ich dich möge für und für
in, bei und an mir tragen.
So lass mich doch dein Kripplein sein,
komm, komm und lege bei mir ein
dich und all deine Freuden.

Ein schwaches Kind

Henri Nouwen

Gott spricht: „Ich liebe dich mit immerwährender Liebe", und um uns das zu sagen, ist Jesus gekommen. Wir sind Gottes geliebte Geschöpfe – nicht weil wir etwas Bestimmtes getan hätten oder weil wir unter Beweis gestellt hätten, wie liebenswert wir sind. Gott liebt uns, unabhängig davon, was wir tun. Wenn das wahr ist, sind wir während dieser paar Jahre, die wir auf der Welt sind, gesandt, mitten in unserem Leben zu sprechen: „Und ich liebe dich auch, Gott."

Genauso wie Gott für uns sorgt, ist es überaus wichtig, dass auch wir in der Welt für Gott sorgen. Wenn Gott wie ein kleines Kind in die Welt kommt, kann Gott nicht gehen und nicht sprechen; erst muss ihm das jemand beibringen. Da fängt die Geschichte von Jesus an, der Menschen braucht, damit er groß werden kann.

Gott sagt: „Ich will schwach sein, damit ihr mich lieben könnt. Was für eine bessere Gelegenheit gäbe es, euch zu helfen, meine Liebe zu erwidern, als ganz schwach zu werden, damit ihr für mich sorgen könnt?" Gott wird zum stolpernden Gott, der mit dem Kreuz zu Boden fällt, der für uns stirbt und der ganz auf unsere Liebe verwiesen ist. Der Gott, der uns liebt, ist ein Gott, der verwundbar wird, von Menschen abhängig in der Krippe, abhängig von ihnen am Kreuz, ein Gott, der grundsätzlich fragt: „Bist du für mich da?"

Hoffnung für die Welt

Margot Käßmann

Die Engel sehen das kleine Geschehen in Bethlehem aus ihrer himmlischen Perspektive. Sie jubeln über die Geburt dieses Kindes! Denn sie wissen bereits, was die Menschen auf der Erde erst nach und nach begreifen werden: Diese normale, ärmliche Geburt ist nicht wie alle anderen. Diese Geburt verändert alles. Das Kind in Marias Arm wird Gottes Botschaft von Liebe und Vertrauen in die Welt bringen. Dieses Kind trägt die Hoffnung in sich, dass der Tod kein hoffnungsloser Fall ist …

Wo Menschen Angst haben, voller Fragen an die Zukunft sind, mühselig und beladen von der Last des Lebens und des Alltags, können Engel tanzen und musizieren. Sie haben es leichter, weil sie das Ganze von oben betrachten, mit mehr Überblick über Zeit und Raum. Vielleicht sollten wir ab und zu versuchen, diese Perspektive auch einzunehmen, und die Erde wie vom Himmel aus betrachten. Wie sagte der Kirchenvater *Aurelius Augustinus:* „O Mensch, lerne tanzen, sonst wissen die Engel im Himmel mit dir nichts anzufangen." Wir dürfen also mittanzen mit den Engeln im Himmel aus Freude über diese Geburt! […]

In Psalm 91 heißt es: „Denn er hat seinen Engeln befohlen, dass sie dich behüten auf allen deinen Wegen, dass dein Fuß nicht an einen Stein stoße." So begleiten die Engel die Heilige Familie auf der Flucht. Und so begleiten sie das gesamte Weihnachtsgeschehen, wie Lukas und Matthäus es uns überliefert haben. Jeder Mensch auf der Flucht, auf der Reise ins Ungewisse sehnt sich nach solcher schützenden Begleitung, die ihm den Weg in ein rettendes Land, an ein rettendes Ufer weist.

Als die Kindheit Jesu zu Ende ist, als er erwachsen ist und ein neuer Lebensabschnitt beginnt, wird er in die Wüste gehen (Matthäus 4,1 ff). Er will versuchen, zu verstehen und zu begreifen: seinen Lebensauftrag, seine Aufgabe, die nächsten Schritte. Viele Tage ist er dort, er fastet, er stellt sich Fragen und kämpft mit Versuchungen. Am Ende werden Engel ihn speisen und ihm Kraft geben für den Weg, der vor ihm liegt. Engel begleiten seinen Weg, Gott ist ihm nahe. Und so findet er nach der Zeit in der Wüste Kraft, um öffentlich aufzutreten, vom Reich Gottes zu reden, die herrschende Elite und die Besatzungsmacht zu provozieren, so, wie er es unbewusst schon allein durch seine Geburt getan hat.

Am Ende werden ihn die hinrichten, die in dieser Welt Macht haben. Es ist allerdings ein vorläufiger Sieg. Langfristig wird das Kind in der Krippe, der sterbende Mann am Kreuz mehr Hoffnung und Liebe in die Welt bringen, als je ein Diktator verbieten konnte.

Und die Engel im Himmel freuen sich darüber!

Gottesgeburt

Franz Kamphaus

„Allen aber, die ihn aufnahmen, gab er Macht, Kinder Gottes zu werden, allen, die an seinen Namen glauben, die nicht aus dem Blut, nicht aus dem Willen des Fleisches, nicht aus dem Willen des Mannes, sondern aus Gott geboren sind" (Johannes 1,12–14). Die Alternative ist klar, das ist ein anderes Leben: Nicht, nicht, nicht ... Dreimal dieses „nicht": nicht aus der eigenen Tat; nicht aus den eigenen Trieben und Antrieben; nicht aus der naturwüchsigen Kraft. Vielmehr: die Menschen, die sich Gott verdanken; die wissen, dass sie von Anfang an Empfangene sind und es bleiben. Wer dies als die Wahrheit seines Lebens erkennt und bekennt, der ist davon befreit, sich selbst „bringen" zu müssen, der ist wie neu geboren, „aus Gott geboren".

Anfang der Geschichte des Wortes Gottes in uns. Es ist nicht nur (das zunächst und vor allem!) in Betlehem zur Welt gekommen. Es möchte in uns und durch uns zur Welt kommen. So singen wir's: „Treuer Immanuel, werd auch in mir nun geboren ..." „Dich, wahren Gott, ich finde in meinem Fleisch und Blut ..." Gottes Geburt in uns! Wir ein Geburtsort Gottes! Kann man Größeres vom Menschen sagen?

Gott wartet im Grunde unseres Herzens. Schade nur, dass wir so wenig dort zu Hause sind, uns nicht aushalten und vor uns selbst laufen gehen. Wie schwer ist es, „in sich" zu gehen und „zu sich" zu kommen. Wie anders aber können wir Gott begegnen? Wie anders sollte er durch uns zur Welt kommen? Wie anders können wir anderen Herberge sein und Heimat geben?

Hören wir seinen Lockruf in uns? „Gott, du bist mir innerlicher als ich mir selber bin", sagt *Augustinus.* Das haben uns Erwachsenen die Kinder wohl voraus, dass sie noch näher bei sich sind, einig mit sich und ihrem wahren Mutterboden. Ob wir nicht deswegen von ihnen angerührt werden, die wir mit allen Wassern eines überanstrengten Erwachsenendaseins gewaschen sind, der eigenen Tat verpflichtet, die wir nicht selten so außengelenkt sind, dass wir unser Innerstes nicht mehr wahrnehmen?

Ob wir das Kind in uns noch entdecken können? Oder sind wir zu erwachsen geworden, um noch empfänglich zu sein? So groß das Ziel der Gottesgeburt ist, so mühsam ist der Weg, so eng und ängstigend wie beim ungeborenen Kind, das zur Welt möchte. Man darf sich die inneren und äußeren Widerstände des Wachstums nicht ersparen. Herbergssuche und Exil, Krippe und Kreuz erinnern an die Wehen und Geburtsschmerzen, unter denen Gottes Wort zur Welt kommt.

Aber wenn es geschieht, wenn es uns in Fleisch und Blut übergeht? „Die aus Gott Geborenen sind die Säulen der Welt und die Pfeiler der Kirche", sagt der Mystiker *Johannes Tauler.*

In uns das Licht

Antje Sabine Naegeli

In uns das Licht,
verschüttet oft,
erloschen im Wind
unserer Zweifel,
verschluckt vom Dunkel
unserer Angst.

Enthoffnete wir
auf den Feldern der Nacht
sollen wieder finden
das Staunen,
sollen wieder finden
das Licht,
wie uns der Engel
gesagt hat.

Mein inneres Kind

Pierre Stutz

Wenn Menschen mich nach meinem Hoffnungsgrund fragen, dann leihe ich mir meistens einige Worte von *Meister Eckhart* (1260–1328) aus, dem Mystiker aus Erfurt. In seiner Weihnachtspredigt sagt er, dass die Menschen sich irren, wenn sie meinen, die Menschwerdung Gottes habe nur in Betlehem stattgefunden: sie geschieht auch heute in uns! Dieses Hoffnungsbild versuche ich erneut zu verinnerlichen, damit es dann das ganze Jahr mein Sein und Handeln stärken kann. Ich bin im Innersten tief berührt, wenn ich in all meinen Lebensvollzügen das Ereignen Gottes in mir erahnen kann. Gott gebiert sich in uns, in unserem Lachen und Weinen, in unserer erotischen Liebeskraft, in unserem Mitgefühl und in unseren Zweifeln. Diesem Hoffnungsstern folge ich gerne.

Mein inneres Kind
hält in seiner Hand einen leuchtenden Stern
der mich verspielt sein lässt

Mein inneres Kind
nimmt mich an der Hand, begleitet mich zum Ort
meiner tiefen Verwundung

Mein inneres Kind
begleitet mich zum Stall in mir
zu meiner Lebenskraft und zu meiner Verletzlichkeit

Mein inneres Kind
erinnert mich liebevoll an die heilende Kraft
die durch mich fließt

Jeder Mensch ein Kind

Phil Bosmans

An Weihnachten feiern wir die Geburt des Christuskindes. Hirten, weise Magier aus dem Osten, ja die Engel im Himmel bestaunen das Wunder.

Jedes neugeborene Kind ist ein Wunder.

Man kommt aus dem Staunen nicht heraus. Alles so winzig und doch vollkommen da: die Händchen, das Näschen, die Öhrlein. Das Geheimnis des Lebens leuchtet auf. Schauen wir das Licht in seinen Augen, kann uns eine Ahnung ergreifen: Gott schaut uns an.

Jeder Mensch, der auf die Welt kommt, sucht sein Leben lang Geborgenheit. Vom ersten Tag an braucht ein Mensch nichts so sehr wie liebende Zuwendung. Jeder Mensch fühlt sich wohl, wenn er Wärme spürt, zärtliche Berührung. In seiner Hilflosigkeit muss sich der kleine Mensch darauf verlassen, dass sich die Mutter, der Vater oder eine andere Bezugsperson um das kümmern, was ihm gut tut. In ihrer Liebe weiß er sich geborgen.

Ein selig schlummernder Säugling strahlt Zuversicht aus: Das Leben ist schön. Doch auch dem kleinen Kind bleiben Schattenseiten des Lebens nicht erspart, und es fängt an zu schreien: Ich habe Hunger, ich habe Schmerzen. Ratlos überlegen Eltern hin und her: Es hat doch alles, es hat getrunken, es liegt trocken und warm. Sie fragen sich: Was fehlt ihm nur? Vielleicht ist sein Schreien auch ein Hilferuf nach liebender Nähe: Das Wichtigste, was mir fehlt, das bist du.

Bereits bei einem neugeborenen Kind zeigen sich die Urbedürfnisse des Menschen: das Verlangen nach Nahrung und Zuwendung, das Bedürfnis, angeschaut und angesprochen, umsorgt und umarmt und geliebt zu werden.

Das ganze Leben des Menschen ist wie eine Kette von Liebesgeschichten. Dabei kann es zugehen wie im Theater: heitere Lustspiele, aufwühlende Dramen, erschütternde Tragödien.

Der Mensch – ein kleines wunderliches Wesen: immer auf der Suche und voller Probleme. Das Heimweh nach dem verlorenen Paradies ist ihm tief ins Herz geschrieben. Menschen sind wie große Kinder: das Leben lang auf der Suche nach Wärme, Glück, Liebe; auf der Suche nach einem Zuhause; auf der Suche nach einem Wesen, das sie gern hat, bei dem sie sich sicher und geborgen wissen.

Gibt es einen roten Faden, der alle Lebenswege durchzieht?

Die Antwort darauf liegt in der Ur-Erfahrung: Ich bin geliebt, darum bin ich da, und ich möchte geliebt werden, um lieben zu können.

Das Reich der Kinder

Anthony de Mello

Das erste auffallende Merkmal, das jeden anrührt, der in die Augen eines Kindes sieht, ist dessen Unschuld: das entzückende Unvermögen, einen anzulügen, eine Maske zu tragen, einem vorzumachen, etwas anderes zu sein, als es ist. Darin ist das Kind genau wie die übrige Natur. Ein Hund ist ein Hund, eine Rose eine Rose, ein Stern ein Stern; alles ist ganz einfach das, was es ist.

Nur der erwachsene Mensch kann das eine sein, und so tun, als sei er etwas anderes. Wenn Erwachsene ein Kind dafür bestrafen, dass es die Wahrheit sagt, dass es ausspricht, was es denkt und fühlt, lernt das Kind sich zu verstellen, und seine Unschuld wird zerstört. Bald wird es zur großen Masse derer zählen, die ratlos feststellen: „Ich weiß nicht, wer ich bin." Denn indem Sie die Wahrheit über sich selbst vor anderen lange genug verstecken, verstecken Sie sie schließlich vor sich selbst. Wie viel von der Unschuld der Kinder haben Sie noch bewahrt?

Gibt es heute einen Menschen, in dessen Gegenwart Sie einfach und uneingeschränkt Sie selbst sein können, so unverhüllt offen und unschuldig wie ein Kind?

Es gibt eine andere feinsinnigere Weise, die Unschuld der Kindheit zu verlieren: wenn das Kind von dem Wunsch angesteckt ist, ein anderer zu werden. Denken Sie an die Scharen von Menschen, die alle Macht und Kraft daran setzen, nicht das zu werden, was sie der Natur nach werden sollten – Musiker, Koch, Mechaniker, Zimmermann, Gärtnerin, Erfinder –, sondern ein anderer zu werden: erfolgreich, berühmt, mächtig; etwas zu werden, was nicht stille Selbsterfüllung bringt, sondern Selbstverherrlichung und Selbstaufwertung. Sie haben dann Menschen vor sich, die ihre Unschuld verloren haben, weil sie sich dafür entschieden, nicht sie selbst zu sein, sondern sich hervorzutun, Eindruck zu machen, und sei es auch nur in ihren eigenen Augen.

Wie ist es denn in Ihrem eigenen Leben? Gibt es einen einzigen Gedanken, ein einziges Wort, eine einzige Tat, die nicht vom Wunsch beeinträchtigt wären, ein anderer zu werden, auch wenn alles, was Sie zu erlangen suchen, geistlicher Erfolg sein sollte oder Sie ein Heiliger werden möchten, den kein anderer kennt als Sie selbst? Das Kind überlässt es – nicht anders als das unschuldige Tier – seiner Natur, um das zu sein und zu werden, was es ist.

Ein Erwachsener, der seine Unschuld bewahrt hat, fügt sich wie das Kind dem Drang der Natur und seiner Bestimmung, ohne einen Gedanken daran, eine bedeutende Persönlichkeit werden zu wollen und andere zu beeindrucken.

Doch anders als Kinder verlassen sich Erwachsene auf kein Gefühl, es bleibt ihnen nur der Weg des fortwährenden Sichbewusstmachens von allem in ihnen und um sie herum; dieses Gewahrwerden ist es nun, das sie vor Bösem schützen und ihnen das Wachstum bringen kann, das die Natur für sie vorgesehen hat und nicht von ihrem ehrgeizigen eigenen Selbst erdacht wurde.

Hier ist eine weitere Methode, mit der Erwachsene die Unschuld von Kindern verderben: Sie lehren das Kind, jemanden nachzuahmen.

Sobald sie ein Kind zu einer Kopie machen, zertreten sie den Funken der Einmaligkeit, mit dem es auf die Welt kam. Sobald Sie wie jemand anderer werden wollen – sei er oder sie noch so großartig und heilig –, haben Sie Ihr Wesen verkauft. Denken Sie betrübt an den göttlichen Funken der Einmaligkeit, der in Ihnen ist und unter Schichten von Angst glüht. Die Angst davor, verspottet oder abgelehnt zu werden, wenn Sie es wagen, Sie selbst zu sein, und sich weigern, sich automatisch – durch Ihre Kleidung, die Art Ihres Denkens und Handelns – anzupassen.

Erkennen Sie, dass Sie sich nicht nur in Ihrem Denken und Tun, sondern auch in Ihren Reaktionen, Ihrem Empfinden, Ihren Einstellungen und Wertvorstellungen anpassen. Sie wagen es nicht, dieses Sich-Preisgeben aufzugeben und Ihre ursprüngliche Unschuld zurückzufordern. Es ist der Preis, den Sie für die Aufnahme in Ihre Gesellschaft oder Gruppe zahlen müssen. Damit treten Sie in der Welt der Liebediener und der Überwachten ein und sind ausgeschlossen aus dem Reich, das der kindlichen Unschuld gehört.

Ein anderer subtiler Weg, Ihre Unschuld zu zerstören, besteht schließlich darin, mit anderen in Konkurrenz zu treten und sich mit ihnen zu vergleichen. Kinder sind deshalb fähig, ihre Unschuld zu bewahren und wie die übrige Schöpfung in der Seligkeit des Himmelreiches zu leben, weil sie nicht von dem aufgesogen worden sind, was wir die Welt nennen: diesen Bereich der Dunkelheit, der von den Erwachsenen bewohnt wird, die ihr Leben nicht mit Leben verbringen, sondern damit, Applaus und Bewunderung zu erheischen; nicht in seligem Selbstsein, sondern in zwanghaftem Vergleichen und Wetteifern, im Streben nach Nichtigkeiten wie Erfolg und Ruhm, selbst um den Preis von Niederlagen, Erniedrigungen und Zugrunderichten anderer. Wenn Sie es sich zugestehen, die Qualen dieser Hölle auf Erden wirklich zu empfinden, die ausgesprochene Leere, die sie bringt, werden Sie gewiss bald aufbegehren, eine Abneigung spüren, die so tief ist, dass sie die Ketten der Abhängigkeit und Täuschung sprengt, die um Ihre Seele geschmiedet wurden.

Dann werden Sie eintreten in das Himmelreich der Unschuld, in dem die Mystiker und Kinder wohnen.

Das Licht von Betlehem

Phil Bosmans

Lasst uns unsere Lampe anzünden
an dem Stern von Betlehem
und in Stille durch die Nacht gehen.
Wir müssen uns nicht unentwegt fragen,
ob das wohl alle Finsternis vertreibt.
Um an Weihnachten glücklich zu sein,
brauchst du Licht und Wärme.
Du brauchst Licht im Herzen,
um Sinn in deinem Leben zu sehen,
und du brauchst die Wärme lieber Menschen,
die dich gern haben.
Jedes Herz kann eine Krippe sein,
in der die Liebe geboren wird.

Das Lied der Engel

Anthony de Mello

Die Zeit musste reif sein,
der Ort gerade richtig,
die Umstände so weit,
dass ich geboren werden konnte.

Gott wählte die Eltern für seinen Sohn
und stattete sie mit den Gaben aus,
die sie für das Kind brauchten,
das ihnen geboren werden sollte.
Ich rede zu Gott über den Mann und die Frau,
die er für mich als Eltern wählte,
so lange, bis ich sehe,
dass sie so sein mussten, wie sie waren,
wenn ich so werden sollte,
wie Gott mich haben wollte.

Das Christuskind kommt, wie jedes andere Kind,
um der Welt eine Botschaft zu bringen.
Was für eine Botschaft soll ich bringen?
Ich bitte den Herrn, mir zu raten,
wie ich sie in einem Wort oder Bild
ausdrücken kann.

Christus kommt in diese Welt,
um einen bestimmten Weg zu gehen,
eine bestimmte Sendung zu erfüllen.
Er erfüllte gewissenhaft,
was über ihn „geschrieben" steht.

Wenn ich zurückschaue,
sehe ich mit Staunen,
was in meinem eigenen Leben
„geschrieben" stand
und ungefähr erfüllt wurde.
Und für jeden Abschnitt dieser Schrift,
sei er auch noch so klein, sage ich „Dank",
um ihn durch meine Dankbarkeit zu heiligen.
Ich schaue erwartungsvoll und ergeben
nach allem aus, was kommen wird,
und spreche mit Christus: „Ja. Es geschehe."

Zum Schluss denke ich
an den Gesang der Engel
bei der Geburt Christi.
Sie sangen von Frieden
und Freude zur Ehre Gottes.

Habe ich je den Gesang gehört,
den die Engel sangen, als ich geboren wurde?

Ich sehe voll Freude,
was ich dazu beigetragen habe,
dass die Welt besser wird,
und ich stimme in das Lied der Engel ein,
das sie sangen, als sie meine Geburt verkündigten.

Das innere Kind im Alter

Peter Dyckhoff

Ein Kind lebt vom Geschenk her; es kennt noch keine Leistung und weiß nicht, dass man erst durch Leistung etwas verdient und bekommt. Das Kind – vorausgesetzt, es ist an Leib und Seele gesund – freut sich über alles, was ihm geschenkt wird. Es sieht die Welt und erlebt sie als Geschenk. Vor allem aber besitzt es noch die Gabe des Staunens. Das Kind erfährt die Welt jeden Tag neu, und alles, was es wahrnimmt und was ihm gegeben wird, kommt für das Kind aus der Liebe. Ist das Lebensfundament eines Kindes gesund, lebt und liebt es aus einem ungestörten Urvertrauen. Ein Kind richtet nicht; es nimmt die Menschen so, wie sie sind, ebenso die Umstände und Dinge. Es vertraut darauf, dass das Gegebene gut ist.

So gehört auch zur Gnade des Alters, dass man sich mehr und mehr das Leben geben lässt und fest darauf vertraut, dass Gott es verantwortet, so wie es kommt. Das ist die Gnade des Glaubens, wenn man vertraut: Die Liebe Gottes verantwortet alles, was mir begegnet. Alles, was mir begegnet, verantwortet die Liebe Gottes.

Noch etwas ist dem Kind eigen und sollte es auch dem Alter sein. Das Kind vertraut darauf, dass die Welt gut ist. Es wacht mit Vertrauen auf und geht entsprechend in den Tag und in die Welt hinein. Und weil es vertraut, bejaht es auch.

Indem das Kind die Welt, die Sonne, die Menschen bejaht, lebt es aus dem Ja-Geist Gottes. Wenn man älter wird, erwacht die Kritik und man erfährt viele Verhältnisse so, wie sie nicht bleiben dürfen. Man tut alles, um da, wo es geht, vieles zum Besseren zu verändern. Berechtigte und notwendige Kritik ist angebracht.

Das Tiefere aber, das Wichtige ist, dass man bejaht und den anderen spüren lässt: Ich sage Ja zu dir. Das Entscheidende ist, dass man von Grund auf die Welt als von Gott geschaffen und von Gott uns anvertraut bejaht. Im Alltag ist es nicht immer einfach, aber im Alter wird es uns immer eher möglich sein, Ja zu sagen.

Aus einem kritischen Geist heraus und dem Drang, oben zu sein, hat man vielleicht in jungen Jahren gemeint, die Fehler des anderen müssten die eigene Rechtfertigung sein. Das Unten des anderen ist ja immer mein Oben. Ich kritisiere gern, weil ich dann oben bin und der andere ist unten. Im Alter zieht all dies allmählich aus dem Herzen aus und man beginnt, mehr zu bejahen als zu verneinen. Man darf auch sagen: Im Alter sieht man das Licht.

5

Ein Hoffnungsstern fürs neue Jahr

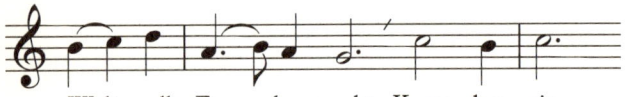

Morgenstern der finstern Nacht

1. Mor-gen-stern der fins-tern Nacht, der die Welt voll Freu-den macht. Komm her-ein, Je-su mein, leucht in mei-nes Her-zens Schrein, leucht in mei-nes Her-zens Schrein.

Morgenstern der finstern Nacht,
der die Welt voll Freuden macht.
Komm herein, Jesus mein,
leucht in meines Herzens Schrein.

Schau, dein Himmel ist in mir,
er begehrt dich, seine Zier.
Säume nicht, o mein Licht,
komm, komm, eh der Tag anbricht.

Deinem freudenreichen Strahl
wird gedienet überall.
Schönster Stern, nah und fern
ehrt man dich als Gott, den Herrn.

Weise aus dem 17. Jahrhundert
Worte von Angelus Silesius

Hoffnungslicht

Den Stern aus Betlehem
entdecken als Hoffnungslicht
das uns inneren Frieden schenkt
weil wir endlich sein dürfen
verwundbar und kraftvoll

Pierre Stutz

Der Sehnsucht folgen wie dem Stern

Antje Sabine Naegeli

Einem Himmelslicht, einem Stern, so sagt uns die Weihnachtsgeschichte, seien die Weisen gefolgt, um den Ort der Hoffnung zu finden. Ihr Weg nach Betlehem war weit, und auch wir müssen zuweilen geduldig Suchwege auf uns nehmen, um anzukommen im Raum des Friedens, des Trostes und der Freude.

Doch auch für uns und in uns gibt es den Stern, der uns leiten will. Ich erkenne ihn überall dort, wo Menschen ihre Selbstsucht überwinden und die Güte wagen, wo Gleichgültigkeit der Anteilnahme weicht und Menschen einander geschwisterlich begegnen. Ich erkenne ihn dort, wo es hell wird, weil Menschen Verantwortung übernehmen füreinander und für die verletzte Schöpfung.

Ich will der Sehnsucht, die ich manchmal in mir spüre, trauen. Weihnachten meint mich, auch wenn ich hilflos, zögerlich und zaghaft vor dieser Botschaft stehen mag, weil sie mein Begreifen überfordert und übersteigt. Ich will es wagen, mich als von Gott bejahten und geliebten Menschen zu sehen und die mir verliehene Würde achten.

Wenn es wahr ist, dass Gott um meinetwillen das Gesicht eines Menschen angenommen hat, dann muss ich nicht gebückt und mutlos durch die Tage gehen. Vor ihm zählt nicht, ob ich Erfolg vorweisen kann, selbstsicher und selbstbewusst bin, ob meine Familie intakt ist und ich genügend Leistung vorweisen kann. Ich darf sein, die ich bin, auch und gerade mit meinen Schwächen. Wenn ich diese Sehnsucht in mir bewahre, dass es wahr sein möchte, dass die ewige Liebe mich meint, dann bin ich schon angerührt vom Geheimnis Gottes.

Stern der Hoffnung

Anselm Grün

In der Weihnachtszeit schmücken wir die Fenster unserer Wohnungen mit Sternen. Diese Sterne sind Symbol für das göttliche Licht aus der Höhe, nach dem wir uns sehnen und das in die menschliche Dunkelheit hineinstrahlt. Über der Krippe in Betlehem und in der Geschichte der Weisen aus dem Morgenland, die dem Stern folgen, werden wir ihm wieder begegnen. Wir schmücken die Fenster unserer Wohnungen mit diesem Symbol, um unser Verlangen nach dem auszudrücken, was unser Herz zutiefst erfüllen und befriedigen kann. Das hat immer mit Liebe zu tun. Für *Augustinus* ist die Sehnsucht eine Grundbefindlichkeit des Menschen. In aller irdischen Sehnsucht klingt eine letzte Sehnsucht nach Gott mit. Jeder von uns kennt aus dem eigenen Alltag innere Abhängigkeiten und Süchte. Die Kunst besteht darin, dass wir sie genau anschauen und darin die Sehnsucht entdecken, die uns zeigt, wie sehr unser eigentliches Verlangen über das Alltägliche und Banale hinausweist. Wir bekommen dann eine Ahnung davon, dass wir uns nur dann dem Kampf des Lebens stellen können, wenn wir in uns selbst daheim sind. Die Sterne sind also mehr als bloße Wohnungsdekoration. Sie erinnern uns an das Geheimnis, das in uns wohnt und in dem wir letztlich daheim sind.

Sterne sind Sinnbild menschlicher Sehnsucht. Sie leuchten in der Nacht, und sie strahlen über dem ganzen Erdkreis. Sie sind Symbole der Hoffnung und der universalen Einheit. Seit je waren die Menschen fasziniert vom hellen Licht des Morgen- und Abendsterns. Am eindrücklichsten erzählt die Weihnachtsgeschichte von diesem Bild. Die Magier haben einen Stern gesehen und lassen sich von ihm leiten. Ein wunderbares Sternenbild wurde in der Antike als Zeichen der Ankunft des ersehnten Messias verstanden. In Qumran wurde das Kommen des Messias mit dem Aufgehen eines Sternes verglichen: „Es wird sein Stern am Himmel strahlen gleich einem König." Die Kirchenväter nehmen diese kosmische Erfahrung des Sterns auf und beziehen sie auf Christus.

Das Licht des Sternes hat ja einen eigenen Glanz. Die Sprache der Liebe lässt uns erahnen, was an Weihnachten geschieht: Da leuchtet uns in Christus ein Stern auf an unserem nächtlichen Himmel. Da bringt Christus durch seine Liebe Licht in unsere Dunkelheit. Der Stern, der am Himmel steht, verweist uns auf den Vater, der im Himmel ist. Er ist Bild unserer Sehnsucht nach dem ganz Anderen. Was wir am Himmel sehen, das ist aber immer auch eine Wirklichkeit in uns. Wir sprechen von dem Stern, der am Horizont unseres Herzens aufgeht, wenn wir mit unserer Sehnsucht in Berührung kommen, und wir spüren, dass unser Herz weit über alles Alltägliche hinausreicht, bis in die Welt Gottes, in der wir wahrhaft daheim sind.

Angelus Silesius hat in unübertroffener Weise gedichtet, was Christus für uns ist: „Morgenstern der finstern Nacht, der die Welt voll Freuden macht. Jesu mein, komm herein, leucht in meines Herzens Schrein." Von jeher haben die Menschen ihre Sehnsüchte in die Sterne verlagert. Und die Sterne haben immer eine Faszination ausgeübt. Wenn wir als Kinder das Lied gesungen haben „Weißt du, wie viel Sternlein stehen", dann gab uns das die Gewissheit, dass Gott es gut mit uns meint, dass wir unter seinem Sternenhimmel daheim sind. Solche Assoziationen spielen mit, wenn wir zu Weihnachten an den Stern denken, der Jesu Geburt angezeigt hat, und wenn wir die Weihnachtssterne an den Christbaum oder an die Fenster hängen. Durch diese Geburt ist diese Welt uns Heimat geworden. Da leuchtet überall der gleiche Morgen- und Abendstern über uns am

Himmel und lässt uns überall daheim sein. Und Weihnachten lädt uns dazu ein, dass wir selbst für andere zum Stern werden, der ihre Nacht erhellt und ihnen das Gefühl von Heimat schenkt.

Wenn Menschen in einem solchen übertragenen Sinn von einem Stern sprechen, heißt das: Es ist etwas eingebrochen in ihre Nacht, etwas Glänzendes, etwas Liebes. Mit dem Stern ist Hoffnung in ihnen aufgekeimt. Der Stern weist den Weg. Er begleitet und macht das Leben weit. Der Weihnachtsstern sagt uns etwas, was über die Weihnachtszeit hinaus für unser Leben gilt. Wir sind nicht nur ein Mensch der Erde, sondern auch ein Mensch des Himmels. In uns leuchtet der Stern, der über uns hinausweist auf den, der vom Himmel herabkommt und unsere tiefste Sehnsucht erfüllt.

Du bist der Stern

Nach einem irischen Segensgebet

Du bist der Stern, der im Finsteren scheint,
du bist der Funke, der Herzen vereint.
Du bist das Tor, das uns Zutritt verheißt,
du bist der Gast, der im Innern uns speist.
Du bist der Friede, der alles umfängt,
du bist der Ort, der Geborgenheit schenkt.
Du bist die Wahrheit, der Weg und das Licht
Du bist mein Heiland, ich fürchte mich nicht.

Der Stern einer neuen Zeit

Ludwig Schick

In der Advents- und Weihnachtszeit gibt es auch heute überall Sterne aus den verschiedenen Materialien und in den verschiedensten Farben, Gestalten und Aufmachungen. Es gibt auch hier und da den Brauch, nach Weihnachten aus dem Stroh der Krippe einen Stern zu basteln, der für Ostern aufbewahrt und dann ausgestellt wird.

Die Sterne am Himmel üben seit Anfang der Geschichte aus verschiedenen Gründen eine große Faszination auf die Menschen aus. Sie verweisen auf Gott und geben seine Wohnung im Himmel an. Gott kann man nicht sehen und erreichen. Er wohnt „über den Wolken". Der Sternenhimmel verdeckt ihn und enthüllt zugleich seine Größe und Erhabenheit, seinen Glanz und seine Güte. In der 9. Symphonie von *Beethoven* heißt es: „Brüder, über'm Sternenzelt muss ein lieber Vater wohnen." Der schöne Sternenhimmel lässt seit Menschengedenken den guten Gott im Himmel erahnen.

Die Sterne machen die Nacht erträglich. Der Tag ist dem Menschen vertraut; er ist *seine* Zeit; der Psalm 104 stellt fest: „Strahlt die Sonne auf …, geht der Mensch hinaus an sein Tagwerk, an seine Arbeit bis zum Abend." Dagegen ist „die Nacht keines Menschen Freund", wie ein Sprichwort bekundet. Sie macht dem Menschen Angst und verunsichert ihn. Die Sterne erleuchten die Nacht und können die Angst vor der Finsternis nehmen.

Die Sterne geben Orientierung. Wer den Sternenhimmel kennt, der kann auch in finsterer Nacht seinen Weg finden. Die Seefahrer bestimmten ihre Routen über das Meer durch die Sterne. Im Psalm 136 heißt es: „Danket dem Herrn, denn er ist gütig … der die großen Leuchten gemacht hat ... die Sonne zur Herrschaft über den Tag ... Mond und Sterne zur Herrschaft über die Nacht". Eine ganze Wissenschaft, Astronomie genannt, mit Sternwarten und Planetarien, erkundet die Sterne, ihre Konstellationen und Veränderungen.

Die eben genannten praktischen Erfahrungen mit den Sternen werden auf das Leben und Verhalten der Menschen übertragen. Die Sterne sollen auch Orientierung bei Lebensentscheidungen und die richtigen Antworten bei persönlichen und sogar politischen Fragen geben. Die Sterndeutung, auch Astrologie genannt, ist eine alte Kunst, und die Sterndeuter, die auch als Wahrsager bezeichnet werden, sind seit Menschengedenken hoch angesehen. Primitiv wird sie in den Horoskopen ausgeübt, die von der Vorstellung ausgehen, dass die Sterne und ihre jeweilige Stellung den Willen und die Entscheidungen des Menschen bestimmen oder sogar ersetzen können. Die Bibel hat die Sternkunde, die Astronomie, immer anerkannt, sich aber stets gegen die magische Sterndeutung gewendet. Der Prophet Daniel polemisiert gegen die Astrologie, indem er sagt: „Weise und Wahrsager, Sterndeuter und Astrologen, vermögen dem König das Geheimnis, nach dem er fragt, nicht zu enthüllen. Aber es gibt im Himmel einen Gott, der die Geheimnisse offenbart."

Die Sterne haben das Lebensgefühl der Menschen oft sehr positiv bestimmt. So bekennt *Jean Paul*: „Gegen die Erde gibt es keinen Trost als den Sternenhimmel." Und *Johann Wolfgang Goethe* dichtet in Faust (Der Tragödie Zweiter Teil): „Nacht ist schon hereingesunken, schließt sich heilig Stern an Stern. Große Lichter, kleine Funken, glitzern nah und glitzern fern."

Alle diese Sichtweisen und Erfahrungen der Menschheitsgeschichte sind im „Stern von Betlehem" vorhanden. Vor allem kündet er aber an, dass Gott etwas Neues für die

Menschheit tun will. Der hell leuchtende Stern, den die Weisen im Morgenland sahen, zeigt an, dass Gott erneut Huld und Gnade über den Menschen leuchten lässt. Es ist ein neuer Stern, den die Magier entdecken, was darauf hinweist, dass Gottes Huld und Gnade in einem Menschen auf die Welt kommt. Ein göttlicher Erlöser der Menschheit, ein Messias, wurde von vielen Religionen erwartet.

Im Alten Testament ist er angekündigt worden. So heißt es im Buch Numeri: „Ein Stern geht in Jakob auf, ein Zepter erhebt sich in Israel." Dieser Vers wird als Ankündigung des Messias verstanden und spielt in der Kindheitsgeschichte Jesu eine wichtige Rolle. Im Matthäusevangelium ist die ganze Kindheitsgeschichte Jesu vom Neuen Stern geprägt. Er ist die Ankündigung einer neuen Zeit, in der der gute Gott über den Sternen den Himmel für die Erde öffnet. Als die Sterndeuter ihn sahen, machten sie sich aus dem fernen Osten auf und zogen Richtung Jerusalem, wo der neugeborene König, der Retter der Welt, geboren werden sollte. So hatten sie es in ihren Weisheitsbüchern gelesen. Sie fanden den Messias Gottes aber nicht in Jerusalem. Der Stern führte sie weiter nach Betlehem. Er blieb über dem Stall stehen. Dort fanden sie den neugeborenen König der ganzen Welt.

Der Stern bezeugt, dass in Jesus Christus der Himmel auf die Erde kommt. Damit ist die neue Zeit angebrochen; deshalb beginnt mit der Geburt Jesu die Zeitrechnung wieder mit „eins". Der Stern fordert auch, sich aufzumachen wie die Weisen aus dem Morgenland, um die Huld und das Heil Gottes zu finden. Er ruft auf, Jesus Christus zu folgen, der jeden einzelnen Menschen und die ganze Menschheit auch in der Finsternis der Nacht auf die rechten Wege führt.

Der Stern der Weihnacht kündet auch bereits Ostern an. Der Stern, der die Weisen zur Krippe führt, ist der „Morgenstern", der darauf hinweist, dass bald der Tag anbricht, der von der Sonne beherrscht wird. Was in Betlehem begann, wird am Ostermorgen in Jerusalem vollendet. In der Auferstehung erstrahlt Christus, die unbesiegbare Sonne der ganzen Menschheit und Geschichte auf. So wie Gott am Anfang in sechs Tagen alles erschuf und am siebten Tag feststellte, dass alles gut und sehr gut war, so hat Christus an den „Werktagen seines Lebens" durch die Verkündigung der Frohen Botschaft, des neuen Gesetzes der Gottes-, Nächsten- und Feindesliebe, durch Wunder und Heilungen, durch Leiden, Tod und Hinabsteigen in die Unterwelt die neue Schöpfung vorbereitet. Am ersten Tag der Woche steht er von den Toten auf und führt seine neue Schöpfung in das Licht der Welt- und Menschheitsgeschichte.

Diese neue Schöpfung wird wie das Senfkorn und der ausgestreute Weizen Wurzeln schlagen, wachsen und reif werden. Ihr ist die Vollendung im Himmel versprochen.

Deshalb wird in der alten Ikonografie das Jesuskind häufig auf einem achtstrahligen Stern liegend dargestellt. Diese Darstellung will darauf hinweisen, dass es bei der Geburt bereits um die Wirklichkeit der Auferstehung geht. Der Stern der Weihnacht ist der Morgenstern, der die Sonne des Ostermorgens ankündigt.

Im Sternenlicht

Phil Bosmans

Seit je haben Sterne die Menschen fasziniert. Schier unvorstellbar ist, was Forscher heute über sie herausfinden. Was wie winzige Lichtpunkte aussieht, sind in Wirklichkeit Riesensonnen. Zu Weihnachten haben Sterne Hochkonjunktur, Sterne ganz anderer Art, Sterne als Schmuck in der Advents- und Weihnachtszeit.

Warum finden das so viele Menschen schön? Sind Sterne ein Bild unserer Sehnsucht nach einer schöneren Welt voller Frieden, Gerechtigkeit, Liebe? Zu Weihnachten wird viel vom Frieden geredet und von den Menschen guten Willens. Schaut man auf die vielen Krisen- und Kriegsgebiete in der Welt, wo Mord und Totschlag, Hunger und Flucht herrschen, und sieht man in nächster Nähe, wie Beziehungen zerbrechen, wie Gleichgültigkeit, Rücksichtslosigkeit, unverhüllte Gier und Gewalt zum Alltag gehören, dann fragt man sich, wo sie denn zu finden sind, die Menschen guten Willens.

Bei den einfachen Menschen sind sie zu finden, die ein Herz aus Gold haben und die es zu Wort kommen lassen in Taten der Liebe.

Einfache Menschen sind wunderbare Menschen.

Sie breiten Flügel aus über die Unsicherheit ängstlicher Menschen. Auf den Schultern ihrer Freundschaft tragen sie hilflose Menschen.

Sie sind Oasen in unserer Wüste.

Sie sind Sterne in unserer Nacht.

Unvorstellbar ist, dass Gottes Liebe zu uns als ein Kind kommt, in Windeln gewickelt. Scheinbar nur ein winziger Lichtblick, und doch: In ihm geht auf die Sonne der Gerechtigkeit.

Mitten im Leben

Margot Käßmann

Gott kann dich mitten im Leben erreichen. Du musst nicht besondere Orte aufsuchen, du musst nicht besondere Zeiten finden, und du musst nicht besonders reich, schön oder intelligent sein, um Gott zu begegnen. Übrigens auch nicht besonders arm, kummervoll und leidend. Hör hin, schau hin, hab ein offenes Herz: Und du wirst erleben können, was alles möglich ist in Gottes Welt! Das Leben ist bunt, oft genug verwirrend, manchmal verlierst du den Faden. Aber bleib offen dafür, dass sich etwas ändern kann, auch mitten im Gewöhnlichen, höre auf die Stimme, die dir zuruft: Du bist etwas Besonderes! In deinem Leben wirst du Segen erfahren!

Maria wirkt ruhig und gelassen. Gewiss, sie ist, so erzählt es Lukas, erstaunt, als „begnadet", als auserwählt bezeichnet zu werden. Und welche Frau beschleicht bei aller Freude über eine Schwangerschaft nicht auch ein gewisses Bangen: Wie wird alles werden? Am Ende aber behält auch angesichts dieser erstaunlichen Nachricht Marias Vertrauen die Oberhand: Was immer geschieht, ich kann meinen Lebensweg als den Weg Gottes mit mir erkennen.

Leicht wird es nicht sein für sie. Es heißt in der Bibel, sie sei „Josef anvertraut", also mit ihm verlobt, aber noch nicht verheiratet. Eine uneheliche Schwangerschaft löste damals wie auch heute noch in vielen Gesellschaften unserer Welt große Angst bei der Frau aus, vor Missachtung, Schande und Ausgrenzung. Auch in der Kirche war und ist lange nicht jedes Kind willkommen; ich habe erlebt, dass in Südafrika Frauen in einem Gottesdienst beim Abendmahl zurückgewiesen wurden. Sie hatten ein Kind zur Welt gebracht, ohne verheiratet zu sein. Was für ein Widerspruch zur Lehre Jesu, der alle an seinen Tisch geladen hat! Und was für ein Widerspruch zu seiner eigenen Geburt [...]

In wie vielen Ländern dieser Erde werden Kinder auch heute in Armut geboren. Da sind Eltern ohne Perspektive, versunken in Elend oder Gewalt, auf der Suche nach einem Weg, der in die Zukunft trägt. Auch in Europa kennen wir solche Situationen. Gerade erst haben Flüchtlingsorganisationen in Frankreich gezeigt, wie traumatisiert Kinder sind, die mit ihren Eltern in Abschiebehaft sitzen. Sie befinden sich in einer reichen Welt, mittendrin – und sind doch zur Seite gedrängt. Keinen Schimmer von Hoffnung sehen sie ...

Für die Reichen und Mächtigen der Welt bleibt das eine Herausforderung, ein Stachel. Sie können Gott nicht greifen und halten mit all dem schönen Schein der Wohlhabenden, in den großen Häusern für höchste Ansprüche. Die Weihnachtsgeschichte zeigt deutlich: Gott wohnt wohl eher selten in den Luxusvillen, nicht hinter den leuchtenden Glasfassaden und unter den Berühmten der Welt. Berauschende Partys, angesagte Clubs – wer ständig auf der Suche nach Anerkennung und Applaus ist, sich verwirklichen und aus dem Vollen schöpfen will, wer meint, dass Öffentlichkeit, Ruhm und Reichtum Sinn geben, läuft allzu oft an einem Leben in Fülle vorbei. Verpasst über allen Trends und Must-Haves schlicht, was die Tiefe des Lebens ausmacht: Liebe und Vertrauen; auch Gottvertrauen. Manches Mal wird das Glücklichsein offenbar leichter, wo die Fassaden abgebröckelt sind.

Du findest, was du suchst

Richard Rohr

Wonach halten wir Ausschau? Wann wird es kommen? Wir alle neigen dazu, vor allem auf das Ziel zu sehen statt auf den Weg selbst; aber spirituelle Einsicht lehrt, dass der Weg, den wir gehen, das Ziel bestimmt, an das wir kommen. Der Weg bestimmt den Ankunftsort. Wenn wir unseren Weg selbst manipulieren, landen wir bei einem manipulierten, selbstgemachten Gott. Wenn wir uns dagegen von der Liebe ziehen und auserwählen lassen, können wir am ehesten beim wahren Gott landen. Aber wir sehen uns stattdessen alle nach schnell wirksamen Methoden und Techniken um, damit wir „Gott erfahren" – fast so, als könne Gott zum Besitz unseres Egos, zur persönlichen Trophäe werden. Im Lukasevangelium fragen die Pharisäer und auch die Jünger Jesus, „wann das Reich Gottes kommt", und Jesus gibt ihnen zur Antwort: „Das Reich Gottes kommt nicht so, dass man es berechnen könnte. Auch kann man nicht sagen: Seht, hier! oder: Dort!" (Lukas 17,20–21).

Mit anderen Worten, es lässt sich nicht leicht und offensichtlich lokalisieren, wie das diejenigen haben wollen, die in der Wüste einen Mann suchen, der alle Antworten weiß. Jesus warnt die Menschen, sie würden enttäuscht werden, weil sie nach dem Falschen suchten, indem sie nach dem Ganzen hier und jetzt suchten. Er sagt deshalb, Johannes sei sowohl „der Größte" und doch auch „der Kleinste". Darin steckt die Botschaft: Ja, das ist das Reich Gottes, aber es ist noch nicht ganz das Reich Gottes. Ja, es ist hier, aber es ist noch nicht ganz hier. Es ist dort, aber noch nicht ganz dort. Das Reich Gottes wird nie der Privatbesitz eines einzelnen Egos sein. Keiner von uns ist seiner würdig, und in Wirklichkeit geht es gar nicht um Würdigkeit. Sondern nur um Vertrauen. Niemand kann sagen: „Ich habe es." Es ist immer eine Einladung, gerade genug, um uns tiefer hineinzuziehen. Gerade genug von Gott, um in uns das Verlangen zu schüren, mehr von Gott haben zu wollen. Aber immer sitzt Gott am Steuer. „Nicht ihr habt mich erwählt, sondern immer bin ich es, der euch erwählt" (vgl. Johannes 15,16).

Doch Gott sei Dank schließt Lukas das Wort Jesu über das Reich Gottes mit der Aussage: „Das Reich Gottes ist (schon) mitten unter euch." Das Evangelium macht deutlich, dass das Leben immer eine bunte Mischung für uns bereithält, aber es ist eine gute Mischung. Vom Reich Gottes kann man nicht einfach sagen: „Seht, hier!" Erst in der Ewigkeit weichen alle Schatten. Hier leben wir mit Glauben und Vertrauen im Dazwischen.

Was zählt

Joan Chittister

Wenn wir zurückblicken und uns fragen, was wir in unserem Leben erreicht haben, und wofür wir unser Herzblut gegeben haben, sehen wir dann eine Auflistung unserer Besitztümer und unserer Titel? Oder gibt es dort vielleicht einen Hungernden, einen Obdachlosen, einen Kranken, einen spirituell Verlorenen oder einen Einsamen, der sagen kann, dass sein Leben um vieles ärmer gewesen wäre, wenn wir nicht gelebt hätten? Dass wir erfolgreich sein können, steht außer Zweifel. Die Frage ist jedoch: erfolgreich worin? Am Ende wird nicht zählen, was wir tun. Was zählt, ist, wie wir die Dinge tun, die zu tun sind.

Sterne an meinem Himmel

Petra Altmann

Positive Erinnerungen sind wie Sterne an einem klaren Nachthimmel, der sie besonders gut zum Leuchten bringt. Ein ganz großer Stern steht für die Liebe. Die Liebe, die mich immer begleitet hat und durchs Leben trägt. Ich erinnere mich daran, wie die Liebe mir so manchen Weg geebnet und viele neue Pfade gezeigt hat. Die Liebe, die mir Perspektiven gibt und Sicherheit vermittelt, denn ich weiß, sie ist ein Netz mit doppeltem Boden.

Ein Sternbild erinnert mich an das Vertrauen. Das Vertrauen, das ich in vielen Situationen geschenkt bekam. Das Vertrauen, das mich an die Menschen denken lässt, die mir treu waren. Das Vertrauen, das auch ich anderen geben und ihnen damit eine Stütze sein durfte.

Eine Sternenkette erinnert mich an die Gerechtigkeit. Die Gerechtigkeit, die am Ende auch in Situationen mit ungewissem Ausgang siegte. Die Gerechtigkeit, die dafür sorgte, dass ich genügend Zuwendung und Aufmerksamkeit erfuhr, um mich weiterentwickeln zu können. Die Gerechtigkeit, die mich manchmal auf den rechten Weg zurückbrachte, wenn ich mich verlaufen hatte.

Noch viele weitere Sterne sind mit positiven Erinnerungen besetzt. Je länger man den Nachthimmel betrachtet, umso mehr wird man entdecken. Schließlich wird sich aus dem Sternenreigen ein großes Bild der positiven Erinnerungen formen, das vor allem eines bewirkt: das Gefühl der Dankbarkeit.

Licht für den nächsten Schritt

Christa Spilling-Nöker

In einer dunklen Dezembernacht heraustreten aus den warmen Räumen und in den Anblick der funkelnden Sterne versinken. Tief durchatmen und die Stille durch sich hindurchfließen lassen. Den Gedanken Weite schenken und dem Herzen Träume. Damit das himmlische Leuchten in der Seele aufgeht und sie mit tiefem inneren Frieden durchwirkt. Damit man zum Einklang findet mit sich selbst.

Es gibt kein Leben, das nur hell und problemlos ist. Jeder von uns muss sich mit seinen Licht- und Schattenseiten auseinandersetzen – und es fällt natürlich sehr viel schwerer, das Fremde und Bedrohliche in sich annehmen zu lernen, als seine liebenswerten Seiten zu schätzen. Doch die Mühe, sich mit den Abgründen der Seele zu befassen, lohnt sich, weil man erst dann zu dem Menschen reift, den Gott mit einem gemeint hat. Nur im Zusammenwirken von Hell und Dunkel, von Licht und Finsternis wage ich zu erahnen, aus welchen Quellen ich geboren bin und wohin mein Weg zielt. Der Himmel schenkt mir immer so viel Licht, wie ich brauche, um den nächsten Schritt gehen zu können.

> *In tiefem Dunkel*
> *nur Sternengefunkel –*
> *es lässt einen träumen*
> *von helleren Räumen,*
> *in denen dem Leben*
> *Frieden gegeben*
> *und Segen sich schenkt,*
> *mehr, als irgendwer denkt.*

Frühling im Winter

Andrea Schwarz

In dem, was für uns tot zu sein scheint, ist das Leben verborgen, wartet nur darauf, endlich leben zu können.

Und das gilt für Bäume, Sträucher und Zweige genauso wie für uns Menschen.

Manchmal braucht es nur ein wenig Aufmerksamkeit, ein wenig Zuwendung, ein wenig Zeit – ein wenig „warmes Wasser" – und Menschen, die tot zu sein schienen, „blühen" neu auf.

Aber: Leben und wachsen und blühen kann ich nicht erzwingen. Ich kann die Voraussetzungen dafür schaffen – aber ich kann es nicht *machen*. Leben ist immer Geschenk …

Aber ich muss zumindest bereit sein, mich beschenken zu lassen.

Unterwegs ins neue Jahr

Schwester Gisela

In Gedanken bin ich zu Fuß unterwegs, einen Weg, den ich kenne. Ich gehe schon eine ganze Zeit und spüre, dass die Füße müde werden, die Kraft nachlässt, die Einsamkeit erschöpft. Es fängt an zu dämmern, und ich beschließe, eine Rast einzulegen und mich auszuruhen. In diesem Moment stolpere ich über einen großen Stein, der mir im Wege liegt.

Ich lege mich auf die Erde, den Stein unter meinem Kopf und träume vor mich hin. Ich komme zur Ruhe, der Atem geht langsam und regelmäßig, die Arme und Beine werden schwer und auch mein Gesicht entspannt sich. Den Kontakt zur Erde spürend, kann ich meine Wirbelsäule wahrnehmen. Sie ist wie eine Leiter, die Himmel und Erde verbindet, mich aufrichtet und ausrichtet. Mir fällt ein, dass auch Jakob geträumt hat, auf der Erde, auf einem Stein, von einer Treppe, die Himmel und Erde verbindet. Ich höre die Worte: „Ich bin bei dir!" „Ich werde dich segnen und behüten, wohin du auch gehst!"

Ich denke darüber nach, was mir dieses Wort bedeutet.

Bewusst erhebe ich mich von der Erde, stelle mich auf meine Beine und danke meiner Wirbelsäule, dass sie mir dieses Wort lebendig hält. Ich falle nicht aus dem Segen Gottes heraus, egal ob ich stehe, sitze, liege, gehe, träume, an Gott denke oder nicht. Ich höre meinen Leib sprechen, indem ich im Stehen in Aufrichtigkeit zu mir selbst stehe, indem ich im Gehen meinen Standpunkt ändere und Vergangenheit und Zukunft erkenne und voll Mut annehme, indem ich im Innehalten, im Traum und im Wachsein mich selbst erkenne und die Fähigkeit zu Vertrauen.

Was treibt mich an? Die Sehnsucht! Wie lasse ich gelassen die Vergangenheit? „Ich bin bei dir!"

Lied an das Licht

Huub Oosterhuis

Licht, das uns anstößt früh am Morgen,
zeitloses Licht, in dem wir stehn,
kalt, jeder einzeln, ungeborgen,
Licht, fach mich an und lass mich gehn.
Dass keiner ausfällt, dass wir alle,
so schwer und traurig wir auch sind,
nicht aus des andern Gnade fallen
und ziellos, unauffindbar sind.

Licht, meiner Stadt getreuer Hüter,
bleibendes Licht, das einst gewinnt.
Wie meines Vaters feste Schulter
trag mich, dein Ausschau haltend Kind.
Licht, Kind in mir, mit meinen Augen
schau aus, ob schon die Welt ersteht,
wo Menschen würdig leben dürfen
und jeder Name Frieden trägt.

Alles wird weichen und verwehen,
was nicht geeicht ist auf das Licht.
Sprache wird nur Verwüstung säen,
und unsre Taten bleiben nicht.
Vielstimmen-Licht in unsren Ohren,
solang das Herz in uns noch schlägt.
Liebster der Menschen, erstgeboren,
Licht, letztes Wort von Ihm, der lebt.

Quellenverzeichnis

Alle Quelltexte sind, soweit nicht anders vermerkt, im Verlag Herder, Freiburg im Breisgau, erschienen.
© *Verlag Herder GmbH, Freiburg im Breisgau*

Petra Altmann, Das ABC der Dankbarkeit, 2011.
Petra Altmann, Weisheit aus der Stille. Das Kloster-Jahreslesebuch, Freiburg im Breisgau 2011.
Dietrich Bonhoeffer, Werke, Bd. 16: Konspiration und Haft 1940–1945. © by Gütersloher Verlagshaus, Gütersloh, in der Verlagsgruppe Random House GmbH, München.
Phil Bosmans, Weihnachten mit Herz, Herder spektrum Taschenbuch 7146, 2012.
Joan Chittister, Weisheitsgeschichten aus den Weltreligionen. Antworten auf die Fragen des Lebens, 2. Aufl. 2010.
Peter Dyckhoff, Dem Licht Christi folgen. Inspirationen für ein christliches Leben. Mit einem Geleitwort von Walter Kardinal Kasper, 2012.
Anselm Grün, Das große Buch der Weihnachtszeit. Das schönste Fest des Jahres neu erleben, 2012.
Gisela Ibele, Der Geschmack des Himmels. 12 Schritte für ein sinnliches Leben, 2012.
Franz Kamphaus, Hinter Jesus her. Anstöße zur Nachfolge. Herausgegeben von Ulrich Schütz, Herder spektrum Taschenbuch 6303, 2010.
Margot Käßmann/John August Swanson, Die Botschaft der Engel. Die Weihnachtsgeschichte zum Lesen und Staunen. © Kreuz Verlag in der Verlag Herder GmbH, Freiburg im Breisgau 2012.
Margot Käßmann, Der Himmel öffnet uns die Tür. Meditativer Adventskalender. Gestaltet von Margret Bernard-Kress, 2009.

Anthony de Mello. Weise Weihnachten, Herder spektrum Taschenbuch 7145, 2012.

Corinna Mühlstedt, Hoffnung leuchtet wie ein Stern. Der meditative Adventskalender, 2006.

Antje Sabine Naegeli, Ein Stern begleitet jeden Weg. Der meditative Adventskalender. Gestaltet von Margret Bernard-Kress, 2011.

Henri Nouwen, Jesus. Eine Botschaft, die Liebe ist, 2008.

Huub Oosterhuis, Du Atem meiner Lieder. 100 Lieder und Gesänge. Herausgegeben von Cornelis Kok, 2009.

Otto Hermann Pesch, Christus in der Krippe. Der verborgene Sinn der Weihnacht, 1994.

Rudolf Pesch, Das Weihnachtsevangelium. Neu übersetzt und ausgelegt, 2007.

Joseph Ratzinger/Benedikt XVI., Der Segen der Weihnacht. Meditationen. © Libreria Editrice Vaticana, Città del Vaticano 2005/Verlag Herder GmbH, Freiburg im Breisgau 2005.

Richard Rohr, Auf dem Weg nach Weihnachten. Ein Begleiter durch die Adventszeit. Aus dem Amerikanischen von Bernardin Schellenberger, 2. Auflage 2009.

Anton Rotzetter, Der Stern des Messias. Psalmenbetrachtungen für Advent und Weihnachten, 2006.

Ulrich Sander (Hg.), Für jeden leuchtet ein Stern. Weihnachtliche Texte von Phil Bosmans, Anselm Grün, Andrea Schwarz, Christa Spilling-Nöker, Pierre Stutz, Herder spektrum Taschenbuch, 4. Auflage 2011.

Ulrich Sander (Hg.), Unterwegs zum Licht. Der meditative Adventskalender, 2008.

Ulrich Sander (Hg.), Gesegnete Weihnacht. Weihnachtliche Worte und Weisen, 2006.

Ludwig Schick, ... und ist Mensch geworden. Ein Begleiter für die Advents- und Weihnachtszeit, 2006.

Andrea Schwarz, Eigentlich ist Weihnachten ganz anders. Hoffnungstexte, 4. Auflage 2011.

Andreas Schwarz, Wenn ich meinem Dunkel traue. Auf der Suche nach Weihnachten, 4. Auflage 2001.

Georg Schwikart, Weihnachten. Das Licht der Welt entdecken. Inspiration Christentum, 2011.

Christa Spilling-Nöker, O wunderbare Weihnachtszeit, Herder spektrum Taschenbuch 7148, 2012.

Christa Spilling-Nöker, Unter einem hellen Stern. Der meditative Adventskalender. Gestaltet von Margret Bernard-Kress, 2010.

Pierre Stutz, Jeder Mensch hat seinen Stern. Der spirituelle Adventskalender, 2012.

Pierre Stutz, 50 Rituale für die Seele. Herausgegeben von Andreas Baumeister, Neuausgabe 2011.

Pierre Stutz, Unter dem Stern der Hoffnung, 2002.

Pierre Stutz, Weihnachten – unserer Sehnsucht folgen, 2001.

Bruder Paulus Terwitte/Marcus C. Leitschuh, Trau dich, Weihnachten neu zu entdecken, 2008.

Notker Wolf/Corinna Mühlstedt, Mitten im Leben wird Gott geboren. 24 Impulse zur Weihnachtszeit, 2010.

Textnachweise

S. 13: Stutz, Jeder Mensch hat seinen Stern.
S. 16: Der Text des Liedes, das wohl bis ins 16. Jahrhundert zurückgeht, findet sich (in einer siebenstrophigen Fassung) aufgezeichnet in einer Liedersammlung aus dem 19. Jahrhundert: August von Haxthausen, Dietrich Bocholtz-Asseburg (Hr.), Geistliche Volkslieder mit ihren ursprünglichen Weisen gesammelt aus mündlicher Tradition und seltenen alten Gesangbüchern, Paderborn 1850.
S. 18: Stutz, Weihnachten – unserer Sehnsucht folgen, 17.
S. 19: Zitiert nach: Unterwegs zum Licht, 2. Dez.
S. 20: Grün, Weihnachtszeit, 31–36 (Auszug).
S. 24: Naegeli, Ein Stern begleitet jeden Weg, 2. Dez., 4. Dez., 5. Dez., 7. Dez.
S. 26: Joseph Ratzinger/Benedikt XVI., Der Segen der Weihnacht, 20–23. © Libreria Editrice Vaticana, Città del Vaticano 2005/Verlag Herder GmbH, Freiburg im Breisgau 2005.
S. 28: Georg Weißel (1590–1650), erste und dritte Strophe des Liedes „Macht hoch die Tür", das er zur Einweihung der Königsberger Altrossgärtner Kirche 1623 verfasste.
S. 29: Schwarz, Wenn ich meinem Dunkel traue, 62–63.
S. 31: Käßmann, Der Himmel öffnet uns die Tür, 1. Dez., 4. Dez.
S. 32: Spilling-Nöker, O wunderbare Weihnachtszeit, 15–16, 19–20, 77–79, 87–88, 126.
S. 37: Mühlstedt, Hoffnung leuchtet wie ein Stern, 3. Dez., 21. Dez.
S. 40: Johannes Daniel Falk (1768–1826), ev. Theologe, Sozialarbeiter und Kirchenlied-Dichter.
S. 42: Stutz, 50 Rituale für das Leben, 61.
S. 43: Schwarz, Wenn ich meinem Dunkel traue, 55 f.
S. 44: Spilling-Nöker, O wunderbare Weihnachtszeit, 142–143.
S. 45: Terwitte/Leitschuh, Trau dich 7, 8, 42, 43, 56, 61, 71, 75, 78.
S. 48: Joseph Ratzinger/Benedikt XVI., Der Segen der Weihnacht, 25–27. © Libreria Editrice Vaticana, Città del Vaticano 2005/Verlag Herder GmbH, Freiburg im Breisgau 2005.

S. 50: Schwarz, Eigentlich ist Weihnachten ganz anders, 63–67 (Auszüge).
S. 52: Spilling-Nöker, O wunderbare Weihnachtszeit, 57.
S. 53: Spilling-Nöker, O wunderbare Weihnachtszeit, 98–100
S. 55: Grün, Weihnachten – Einen neuen Anfang feiern, 73–75 (Auszug), Weihnachtszeit, 124–126.
S. 59: Hermann Kletke (1813–1886).
S. 60: Schwikart, Weihnachten, 93–95.
S. 64: Die älteste Quelle des Liedes „Es ist ein Ros' entsprungen" findet sich bei dem Tierer Kartäusermönch Conradus im 16. Jahrhundert. Die dritte Strophe der heute gebräuchlichen Liedfassung stammt aus dem 19. Jahrhundert (Friedrich Layrinz, 1844).
S. 66: Stutz, Jeder Mensch hat seinen Stern, 24. Dez.
S. 67: Käßmann, Die Botschaft der Engel, 90–91.
S. 50: Lukas 2,1–18, übersetzt von Rudolf Pesch, in: R. Pesch, Das Weihnachtsevangelium, 13–16.
S. 69: R. Pesch, Das Weihnachtsevangelium, 39, 42, 54, 82, 90–91 (Auszug).
S. 71: Simon Dach (1605–1659).
S. 72: Stutz, Jeder Mensch hat seinen Stern, 21. Dez.
S. 73: Schwarz, Eigentlich ist Weihnachten ganz anders, 6.
S. 74: Kamphaus, Hinter Jesus her, 73–75.
S. 76: Zitiert nach: De Mello, Weihnachten, 80–82.
S. 78: Zitiert nach: Bosmans, Weihnachten mit Herz, 7–8, 81–82, 50–51.
S. 80: Rotzetter, Der Stern des Messias, 72–95 (bearbeiteter Auszug).
S. 82: O. H. Pesch, Christus in der Krippe, 33–36 (Auszug).
S. 83: Martin Luther (1483–1546), deutscher Theologe und Reformator, Bibelübersetzer und Dichter, zehnte bis zwölfte Strophe seines Lieder „Vom Himmel hoch, da komm ich her".
S. 88: Stutz, Unter dem Stern der Hoffnung, 3.
S. 89: Dietrich Bonhoeffer, Werke, Bd. 16: Konspiration und Haft 1940–1945. © by Gütersloher Verlagshaus, Gütersloh, in der Verlagsgruppe Random House GmbH, München.
S. 90: Paul Gerhardt (1607–1676), neunte Strophe des Liedes „Ich steh an deiner Krippe hier" (1653).
S. 91: Nouwen, Jesus, 39–40.
S. 92: Käßmann, Die Botschaft der Engel, 36; 86–87.
S. 94: Kamphaus, Hinter Jesus her, 15–17.

S. 96: Naegeli, Ein Stern begleitet jeden Weg, 24. Dez.
S. 97: Stutz, Jeder Mensch hat seinen Stern, 13. Dez., 14. Dez.
S. 98: Zitiert nach: Bosmans, Weihnachten mit Herz, 14–15, 38.
S. 100: Zitiert nach: De Mello, Weihnachten, 114–119.
S. 103: Zitiert nach: Bosmans, Weihnachten mit Herz, 21, 42–43.
S. 104: Zitiert nach: De Mello, Weihnachten, 35–37.
S. 106: Dyckhoff, Dem Licht Christi folgen, 442, 444 (Auszug).
S. 110: Angelus Silesius (1624–1677), Johannes Scheffler, Arzt, Theologe und Lyriker.
S. 112: Stutz, Jeder Mensch hat seinen Stern, 20. Dez.
S. 113: Naegeli, Ein Stern begleitet jeden Weg, 11. Dez., 25. Dez.
S. 114: Grün, Weihnachtszeit, 44; 105–106.
S. 116: Zitiert nach Sander (Hg.), Gesegnete Weihnacht, 91.
S. 117: Schick, … und ist Mensch geworden, 12–20 (Auszüge).
S. 121: Zitiert nach: Bosmans, Weihnachten mit Herz, 21, 42–43.
S. 122: Käßmann, Die Botschaft der Engel, 12; 26.
S. 124: Rohr, Auf dem Weg nach Weihnachten, 63–65.
S. 125: Joan Chittister, Weisheitsgeschichten aus den Weltreligionen, Freiburg im Breisgau 2009, zitiert nach Altmann (Hg.), Weisheit aus der Stille, 6. Dez.
S. 126: Altmann, ABC der Dankbarkeit, 93–96 (Auszug).
S. 127: Spilling-Nöker, Unter einem hellen Stern, 18. Dez., 19. Dez., 20. Dez.; dies., O wunderbare Weihnachtszeit, 118.
S. 128: Schwarz, Eigentlich ist Weihnachten ganz anders, 50–51.
S. 129: Ibele, Der Geschmack des Himmels, 137–138.
S. 130: Aus: Huub Oosterhuis, Du Atem meiner Lieder. 100 Lieder und Gesänge, Nr. 92. © Verlag Herder GmbH, Freiburg im Breisgau 2009.

Verzeichnis der Autorinnen und Autoren

PETRA ALTMANN, Dr. phil, studierte Kommunikationswissenschaften, Kunstgeschichte und Soziologie. Sie war viele Jahre in Führungspositionen in Buchverlagen tätig und arbeitet heute als freie Journalistin und Buchautorin. Zuletzt bei Herder „Das ABC der Dankbarkeit" (2011), „Weisheit aus der Stille. Das Kloster-Jahreslesebuch" (hg. von Petra Altmann, 2011). Im Internet: www.Dr-Petra-Altmann.de.

BENEDIKT XVI. (JOSEPH RATZINGER), geb. 1927, Professor Dr. theol., 1977–1981 Erzbischof von München und Freising; 1981–2005 Präfekt der Glaubenskongregation; 19. April 2005: zum Papst gewählt. Zahlreiche Veröffentlichungen bei Herder, zuletzt: „Jesus von Nazareth II" (2011). Im Verlag Herder erscheint die Gesamtausgabe „Joseph Ratzinger Gesammelte Schriften".

DIETRICH BONHOEFFER, 1906–1945, ev. Pfarrer und Theologe; Widerstandskämpfer gegen das Hitler-Regime und Martyrer. Weltbekannt sind seine Briefe und Aufzeichnungen aus der Haft „Widerstand und Ergebung".

PHIL BOSMANS, 1922–2012, flämischer Ordensmann, erreichte durch seine Bücher weltweit Millionen von Leserinnen und Lesern für seine „Botschaft des Herzens". Er gründete den „Bund ohne Namen", der sich in vielen Ländern menschlich und sozial engagiert. Seine Werke erscheinen auf Deutsch im Verlag Herder. Zuletzt u. a.: „Kleines Buch vom guten Gott" (2011), „Vergiss die Freude nicht" (Neuausgabe 2012), „Lichtblicke. Ein gutes Wort für jeden Tag" (2012), „Weihnachten mit Herz" (2012).

Joan Chittister, Dr. theol., Benediktinerin in den Vereinigten Staaten, Kursleiterin und spirituelle Begleiterin, Erfolgsautorin mit Auftritten im Fernsehen und eigener Internetpräsenz (www.benetvision.org). Sie unterstützt Initiativen für Frieden und interreligiösen Dialog. Bei Herder: „Weisheitsgeschichten aus den Weltreligionen" (2. Auflage 2010), „Der Himmel beginnt in dir. Weisheitsgeschichten aus der Wüste" (2011).

Peter Dyckhoff, geb. 1937, Dr. theol., Unternehmer, Theologe, Priester. Referent und Exerzitienleiter, Experte und Ausbilder im christlichen Ruhegebet, Autor von zahlreichen Büchern und Publikationen zur christlichen Gebets-, Meditations- und Exerzitienpraxis, Radio- und TV-Sendungen. Bei Herder u.a.: „Auf dem Weg in die Nachfolge Christi. Geistlich leben nach Thomas von Kempen" (8. Auflage 2011), „Das Ruhegebet einüben" (2012), „Dem Licht Christi folgen. Inspirationen für ein christliches Leben" (2012). Im Internet: www.PeterDyckhoff.de.

Anselm Grün, geb. 1945, Dr. theol., Benediktiner und Verwalter der Abtei Münsterschwarzach; geistlicher Berater, Begleiter und Autor höchst erfolgreicher Veröffentlichungen. Zuletzt bei Herder: „Weihnachtsengel. Meditationen" (2011), „Das große Buch der Weihnachtszeit" (2012). Im Internet: www.einfach-leben-brief.de.

Schwester Gisela Ibele, geb. 1960, Franziskanerin von Reute. Ausbildung zur Erzieherin und Gemeindereferentin. Leiterin der „Sinn-Welt Jordanbad" in Biberach (www.jordanbad.de), eines (Er-)Lebenspacours für alle Sinne. Zuletzt bei Herder: „Himmlisch leben. 12 Schritte für ein sinnliches Leben (2012), „100 Himmlische Gedanken. Atempausen für die Seele" (2010).

Franz Kamphaus, geboren 1932, Professor Dr. theol., 1982–2007 Bischof von Limburg; seither Seelsorger im St.-Vincenz-Stift in Rüdesheim-Aulhausen. Bei Herder u.a.: „Die Sternstunde der Menschwerdung" (2. Aufl. 2010).

MARGOT KÄSSMANN, geboren 1958, Dr. theol., Theologin und Pastorin, 1999–2010 Landesbischöfin der evangelisch-lutherischen Kirche Hannovers, 2009/2010 Ratsvorsitzende der evangelischen Kirche in Deutschland. Mutter von vier Töchtern. Seit 2012 Botschafterin der Evangelischen Kirche in Deutschland für das Reformationsjubiläum 2017. Zuletzt bei Herder u.a.: „Der Himmel öffnet uns die Tür. Der meditative Adventskalender" (2009), „Stille und Weite. Meditationen" (2011), „Die Botschaft der Engel" (2012 im Kreuz Verlag).

MARCUS C. LEITSCHUH, Religionslehrer und Autor, Mitglied im Zentralrat der deutschen Katholiken. Im Verlag Herder zusammen mit Bruder Paulus Terwitte Autor der Reihe „Trau dich!", u.a. „Trau dich, Weihnachten neu zu entdecken" (2008), zuletzt „So einfach kann das Leben sein. Ein Leitfaden zum Glück" (2010). Im Internet: www.marcus-leitschuh.de.

ANTHONY DE MELLO, 1931–1987, geb. in Mumbai (Bombay), studierte Philosophie, Theologie und Psychologie in Barcelona, Poona, Chicago und Rom. Der Jesuitenpater verband östliche und westliche Weisheit und entwickelte eine zeitgenössische Form der Meditation („Sadhana"). Er gilt als einer der meistgeschätzten Weisheitslehrer unserer Zeit. Bei Herder zuletzt: „Sadhana. Ein Weg der Achtsamkeit" (mit Anand Nayak, hg. von M. Th. Piller, 2012), „Weise Weihnachten" (2012).

CORINNA MÜHLSTEDT, Dr. theol., Journalistin und Autorin, ARD-Korrespondentin in Rom. Zuletzt bei Herder zusammen mit Abtprimas Notker Wolf: „Mitten im Leben wird Gott geboren. 24 Impulse zur Weihnachtszeit" (2010).

ANTJE SABINE NAEGELI, evangelische Theologin und Existenzanalytikerin (Logotherapie), ihre Gebetstexte zählen zu den verbreitetsten Texten christlicher Frauenspiritualität heute. Zuletzt bei Herder: „Umarme mich, damit ich weitergehen kann" (2010), „Ein Stern begleitet jeden Weg. Der meditative Adventskalender" (2011).

Henri Nouwen, 1932–1996; gab eine Karriere als Hochschulprofessor auf und schloss sich der von Jean Vanier gegründeten „Arche"-Bewegung eines gemeinsamen Lebens mit behinderten Menschen an. Er gehört international zu den bekanntesten spirituellen Autoren. Zuletzt bei Herder: „Die dreifache Spur. Orientierung für ein spirituelles Leben" (2012), „Ich hörte auf die Stille" (Neuausgabe 2012), „Leben hier und jetzt. Jahreslesebuch" (Neuausgabe 2012).

Huub Oosterhuis, geb. 1933, Theologe, Priester, Dichter, Autor zeitgenössischer geistlicher Texte und Lieder. Zuletzt bei Herder: „Du Atem meiner Lieder. 100 Lieder und Gesänge" (2009) Im Internet: www.huuboosterhuis.de

Otto Hermann Pesch, geb. 1931, Dr. theol., katholischer Theologe und Priester, bis 1972 Mitglied des Dominikanerordens, 1975–1998 Professor für Systematische Theologie an der evangelisch-theologischen Fakultät der Universität Hamburg.

Rudolf Pesch, 1936–2011, Dr. phil., Dr. theol., Professor für Neues Testament in Freiburg, 1984–2008 Aufbau der Akademie für Glaube und Form der Katholischen Integrierten Gemeinde München, 2000–2002 Aufbau des christlich-jüdischen Begegnungsortes „Beth Shalom" bei Jerusalem, ab 2008 an der Päpstlichen Lateranuniversität. Verheiratet und Vater von zwei Kindern.

Richard Rohr, geb. 1943, Franziskanerpater, Gründer des „Zentrums für Aktion und Kontemplation" in New Mexico/USA, gehört zu den international bekannten und gefragten Vertretern einer zeitgenössischen christlichen Spiritualität. Seine Bücher sind weltweite Erfolge und wurden oft zu entscheidenden Inspirationen für gegenwärtige spirituelle Suchbewegungen. Im Verlag Herder u. a.: „Ins Herz geschrieben. Die Weisheit der Bibel als spiritueller Weg" (3. Auflage 2012), „Dem Wunder begegnen. Ein Begleiter auf dem Weg nach Ostern" (2012), „Reifes Leben. Eine spirituelle Reise" (2012).

Anton Rotzetter, Dr. theol., ist Schweizer Kapuziner, Buchautor und Referent für zeitgenössische Spiritualität, eine der führenden Stimmen der christlichen Tierschutzbewegung, Mitbegründer des Instituts für Theologische Zoologie in Münster / Westfalen und Präsident von AKUT Schweiz (Arbeitsgemeinschaft Kirche und Tiere). Zuletzt bei Herder: „Streicheln – mästen – töten. Warum wir mit Tieren anders umgehen müssen" (2012), „Gott, der mich atmen lässt. Gebete" (2012).

Andrea Schwarz, geboren 1955, ausgebildete Industriekauffrau und Sozialpädagogin, viele Jahre in der Gemeindearbeit in Viernheim bei Mannheim sowie ehrenamtlich bei Projekten der Mariannhiller Schwestern in Südafrika. Heute als gefragte Referentin, Trainerin und Bibliolog-Ausbilderin tätig. Sie ist pastorale Mitarbeiterin im Bistum Osnabrück und lebt in Steinbild im Emsland. Zahlreiche, sehr erfolgreiche Veröffentlichungen im Verlag Herder. Zuletzt u. a. „Finde deinen Traum. Weisheiten des kleinen Drachen Hab-mich-lieb" (2012), „Ein tanzender Stern. Von Chaos, Ordnung und dem wahren Leben" (2012).

Georg Schwikart, Dr. phil., geb. 1964, ist Religionswissenschaftler, Theologe und Publizist. Er schreibt für Menschen allen Alters und hält Lesungen und Vorträgen im ganzen deutschsprachigen Raum. Georg Schwikart ist verheiratet, hat zwei Kinder und lebt mit seiner Familie in Sankt Augustin. Zuletzt bei Herder: „Weihnachten. Das Licht der Welt entdecken" (2011).

Christa Spilling-Nöker, geb. in Hamburg, Dr. phil., Pfarrerin mit pädagogischer und tiefenpsychologischer Ausbildung. Zahlreiche Veröffentlichungen. Zuletzt bei Herder u.a.: „Himmlische Küche. Das Kochbuch für die christlichen Feste. Mit 12 Rezepten von Starköchin Lea Linster" (2010), „Die schönsten Seiten des Lebens. Das Familienhausbuch für das ganze Jahr" (2011), „Kleines Buch der Lebensfreude" (2011), „O wunderbare Weihnachtszeit" (2012).

Pierre Stutz, Theologe, spiritueller Begleiter, Autor vieler erfolgreicher Bücher zu einer Spiritualität im Alltag, langjährige Erfahrung in Jugendseelsorge und Erwachsenenbildung, Ausbildung im Sozialtherapeutischen Rollenspiel, Mitbegründer des offenen Klosters Abbaye de Fontaine-Andre, Neuchatel (Schweiz), 1998–2010 Mitredakteur der spirituellen Fotozeitschrift „ferment", rege Kurs- und Vortragstätigkeit im ganzen deutschsprachigen Raum, lebt in Lausanne. Zuletzt bei Herder u. a.: „50 Rituale für die Seele" (Neuausgabe 2011), „Kleines Buch vom Kreis des Lebens" (2011), „Jeder Mensch hat seinen Stern. Der spirituelle Adventskalender" (2012). Im Internet: www.pierrestutz.ch.

Bruder Paulus Terwitte, Kapuziner und Priester, bekannt als TV-Moderator in SAT1 und N24 sowie durch seine Internetpräsenz: www.bruderpaulus.de. Zahlreiche Veröffentlichungen, im Verlag Herder die Reihe „Trau dich!" (zusammen mit Marcus C. Leitschuh), u. a.: „Trau dich, Weihnachten neu zu entdecken" (2008), zuletzt: „So einfach kann das Leben sein. Ein Leitfaden zum Glück" (2010).

Notker Wolf, Dr. phil, Benediktinermönch, seit 2000 als Abtprimas der Benediktiner mit Sitz der Abtei S. Anselmo in Rom höchster Repräsentant von mehr als 800 Klöstern auf der ganzen Welt. Bei Herder u. a. „Mitten im Leben wird Gott geboren" (mit Corinna Mühlstedt, 2010), „Das kleine Buch der wahren Freiheit" (2011), „JETZT ist die Zeit für den Wandel. Nachhaltig leben – für eine gute Zukunft" (2012).

Bücher, die Freude schenken

Anselm Grün | Das große Buch der Weihnachtszeit
Das schönste Fest des Jahres neu erleben
192 Seiten | durchgehend farbig
ISBN 978-3-451-30672-3
Von der Adventszeit bis zu Dreikönig. Mit Ritualen, Bildern und reichen Deutungen: Das ideale und inspirierende Geschenk für das Fest der Familie.

Margot Käßmann | Die Botschaft der Engel
Die Weihnachtsgeschichte zum Staunen und Lesen
Mit Kunstdrucken von John August Swanson
Kreuz Verlag in der Verlag Herder GmbH
96 Seiten | durchgehend farbig
ISBN 978-3-451-61112-4
Margot Käßmann liest die alten Texte von Engel und Krippe, von Hirten und Weisen und findet neue Worte der Hoffnung.

Christa Spillling-Nöker | Die schönsten Seiten des Lebens
Das Familienhausbuch für das ganze Jahr
240 Seiten | durchgehend farbig
ISBN 978-3-451-32551-9
Lieder und Geschichten, Gedichte und Gebete, Bastelideen und Rezepte: die große Schatzkiste für die ganze Familie.

Phil Bosmans / Ulrich Schütz | Lichtblicke
Ein gutes Wort für jeden Tag
400 Seiten | durchgehend farbig
ISBN 978-3-451-31056-0
Neue Texte mit dem warmherzigen Ton von Phil Bosmans: 365 Lichtblicke für mehr Herz in dieser Welt.

Andrea Schwarz | Lass deine Seele atmen
Über das Leben und die Liebe
48 Seiten | durchgehend farbig
ISBN 978-3-451-32476-5
Impulstexte und Gedichte von Andrea Schwarz: ein liebevolles Geschenk – für sich selbst und für andere.

HERDER

MIX
Papier aus verantwor-
tungsvollen Quellen
FSC® C014496

© Verlag Herder GmbH, Freiburg im Breisgau 2012
Alle Rechte vorbehalten
www.herder.de

Umschlagmotiv: © iStockphoto, da-kuk
Umschlaggestaltung:
Büro Margret Russer und Gabriele Pohl, München
Satzgestaltung und Notensatz:
SatzWeise, Föhren

Herstellung: GGP Media GmbH, Pößneck

Printed in Germany

ISBN 978-3-451-31058-4